闽都

法治文化初探

中共福州市委全面依法治市委员会办公室
福州市司法局
编

海峡出版发行集团 | 福建人民出版社
THE STRAITS PUBLISHING & DISTRIBUTING GROUP | FUJIAN PEOPLE'S PUBLISHING HOUSE

图书在版编目（CIP）数据

闽都法治文化初探 / 中共福州市委全面依法治市委员会办公室，福州市司法局编. --福州：福建人民出版社，2023.9

ISBN 978-7-211-08928-4

Ⅰ.①闽… Ⅱ.①中… ②福… Ⅲ.①法制史—研究—福建 Ⅳ.①D927.57

中国版本图书馆 CIP 数据核字（2022）第 188424 号

闽都法治文化初探

MINDU FAZHI WENHUA CHUTAN

编　　者：中共福州市委全面依法治市委员会办公室　福州市司法局
责任编辑：何水儿
美术编辑：林玲
责任校对：陈璟
出版发行：福建人民出版社　　**电　　话**：0591-87533169（发行部）
网　　址：http://www.fjpph.com　　**电子邮箱**：fjpph7211@126.com
地　　址：福州市东水路 76 号　　**邮政编码**：350001
经　　销：福建新华发行（集团）有限责任公司
印　　刷：福建新华联合印务集团有限公司
地　　址：福建省福州市晋安区福兴大道 42 号
开　　本：787 毫米×1092 毫米　1/16
印　　张：11.75
字　　数：185 千字
版　　次：2023 年 9 月第 1 版
印　　次：2023 年 9 月第 1 次印刷
书　　号：ISBN 978-7-211-08928-4
定　　价：88.00 元

《闽都法治文化初探》编委会

前言

福州作为福建的省会城市，自古就有“闽都”之称。它不仅有着悠久的历史传统，还有着深厚的文化积淀。由于长期作为八闽政治、经济、文化的中心，福州形成了特色鲜明的地域文化，即闽都文化。法文化是文化现象的一部分，探求法文化及其变化，实质上就是探求文化的演变，更是旨在弘扬中华优秀传统文化。当然，在不同的历史时期，法文化的表现也有不同，但是在地位、作用、结构等技术层面，以及法的渊源、理论基础等文化层面上，法的传承性却是无法割裂的。在我国，“法治”概念古已有之，但我国古代的“法治”对应于现代意义的“法治”并不相同。《辞源》中的法治概念，源于《晏子春秋》记载的“修法治”，这是中文最早出现的“法”与“治”结合在一起的概念。齐国法家代表著作《管子》在《明法》中说：“以法治国，则举措而已。”法治是春秋战国时期法家的政治主张，是法家“废分封，主郡县”的理论武器。因此，基于对前人著作的尊重，本书中的古代与近代法治人物及法治事件中的“法治”并非指现代意义的“法治”。

习近平总书记高度重视发掘中华法治文明的本土法治资源，明确指出：“我们的先人们早就开始探索如何驾驭人类自身这个重大课题，春秋战国时期就有了自成体系的成文法典，汉唐时期形成了比较完备的法典。我国古代法制蕴含着十分丰富的智慧和资源，中华法系在世界几大法系中独树一帜。”党的十八大以来，以习近平同志为核心的党中央注重研究我国古代法制传统和成败得失，推动中华优秀法律文化创造性转化、创新性发展。同时，法治国家建设需要浓厚的法治文化氛围，需要发挥法治文化的引领作用。福州坚持“3820”战略工程思想精髓，加快建设现代化国际城市，打响包括闽都文化在内的五大国际品牌。法治文化作为闽都文化的重要部分，也需要一张精细的建设蓝图。闽都法治文化的初探，让传统法治文化焕发出新的生命力，为做大做强福州文化事业与文化产业提供丰富的思想来源和有力的精神支持。党的十八届四中全会通过了《关于全面推进依法治国若干重大问题的决定》，提出了建设社会主义法治文化。全面推进依法治国是一个系统的工程，需要法治文化发挥引领作用，为法治中国建设提供强有力的支撑。2021 年 4 月，中共中央办公厅、国务院办公厅发布了《关于加强社会主义法治文化建设的意见》，结合意见精神，本书立足文化视角，注重思想引领，从法治精神、法治人物、法治事件、法学教育角度探索闽都法治文化，推进福州法治建设。提出法治文化建设的价值导向问题，对于建设法治政府、法治社会和法治国家具有重要的现实意义。

为了让本书更具有普法性，本书在每个法治人物与法治事件之后设置“普法小环节”，结合现行法律与政策对相关人物与事件进行解读，以期让读者有所启发，提高公民的法治素养。本书为通识读本，对法治人物的介绍通俗易懂、深入浅出，以期为受众了解福州法治文化、领略福州法治人物、认识福州法治精神提供一定帮助。本书书名定位于“初探”，目的在于抛砖引玉、投砾引珠，希望有志者能赓续福州法治文化与法治精神的研究。

本书由中共福州市委全面依法治市委员会办公室、福州市司法局立项，作为福州市“八五”普法重要读物，在习近平法治思想引领下坚持正确的政治方向和价值取向，具有一定的思想性与科学性。本书作者具体分工如下：福建师范大学法学院诉讼法学专业硕士生导师丁兆增副教授负责全书的统筹与修改；丁兆增、朱良好副教授，福建师范大学法学院诉讼法学专业研究生林超慧、黄晓慧、尤文森、陈宗慧、林逸凡、高雅、林娟，以及法律硕士安宁强、苏晟、韩菲、胡美霞、陈正宇、何丽群、林文涛、廖晶晶、刘娜、黄初鑫、曾杏婷、陈优、陈宏茂、陈瑾、竺元居共同参与本书撰写。由于水平所限，不足和疏漏在所难免，真诚期待批评指正。

本书编者

2023 年 9 月

目录

第一章
闽都法治人物述评

第一节 导言

福州是一座拥有7000多年人类文明史和2000多年建城史的城市。早在7000年前的新石器时代，福州的先民就已在平潭壳丘头砌起了石头屋，这是福州历史最早的见证。自汉高帝五年（前202年）闽越王无诸定都筑冶城，至今已有2000多年的历史。2000多年历史如大浪淘沙，让福州这颗东南沿海的明珠洗尽铅华，更加璀璨夺目。

一、闽都法治文化的萌芽

习近平总书记在中央全面依法治国工作会议上指出，自古以来，我国形成了世界法制史上独树一帜的中华法系，积淀了深厚的法律文化。与大陆法系、英美法系、伊斯兰法系等不同，中华法系是在我国特定历史条件下形成的，显示了中华民族的伟大创造力和中华法制文明的深厚底蕴。全面挖掘、系统梳理我国传统法治文化，取其精华、去其糟粕，是传承和弘扬我国优秀传统法治文化的前提性和基础性工作。作为中华法治文化的组成部分，闽都法治文化有其鲜明的特征和独特的贡献，探寻闽都法治文化的源流，揭示其在地方治理中的积极作用和观念流变中的脉络趋向，诠释闽都法治文化的印记，极具理论和实践意义。

中共十五大报告把依法治国确定为治国的基本方略，提出要“依法治国，建设社会主义法治国家”，将以往的“建设社会主义法制国家”改为“建设社会主义法治国家”。学界有人据此认为我国的法治建设是以此为起点的，在此之前不存在有关“法治”的理论和实践。我们认为，作为文化要素的器物、制度、思想观念等组成部分，纵向的流变传承和横向的依存共生均不应当被人为地撕裂。尽管具有中国特色的社会主义法治文化建设是相对晚近的，但不能据此否认近代乃至古代以身护法、廉洁守法、弘道传法、改革变法等人物、事件、观念所具有的法治意义和积极影响，至少应当肯认，其中包含了当今法治的萌芽。闽都历史文化名人中，有秉公执法的典范，有开风气之先研究、运用国际法的典范，有引介、探索并弘扬权利自由观的启蒙权威，不一而足。这些作为闽都法治文化的萌芽，均引导乃至形塑着闽都法治文化的内在精神。

二、闽都法治人物群像风貌

王审知开闽以来，福建在经济、教育、文化等领域涌现出许多杰出人物。在古代，有“公正无私的海滨贤者”陈襄，他是北宋理学家，是“海滨四先生”之一，他崇尚道德教化，宣扬仁政，在审判案件时提出了一些审判思想的变革，为当世人所不能。而在近现代，源源不断涌现的法治人物更是极大地推动了中国法治思想近现代化的进程。有“不喜欢当律师”的法官林鼎章，他从律师转行法官，直至大理院推事，其判案追求人权和平等，是当时破除封建恶习的领路人。有“崇法弘法的儒绅”陈宝琛，他一生中经历了洋务运动、戊戌变法、辛亥革命、抗日战争等一系列重大事件，他主张学习西方法律制度，强调中西结合的修律方式；并且他还强调要严格依法办事、公平公正、秉公执法，不能用个人意志作为审理案件的标准，以维护法律权威。有“开眼看世界、依法禁烟的民族英雄”林则徐，他首次引入国际法并将其作为处理对外事务的工具，成为中国近代国际法学研究的开端。有“启蒙思想家”严复，他翻译《法意》，系统地将西方社会学、政治学、哲学、政治经济学、自然科学等方面的知识介绍到中国，“给中国人带来了一种全新的资产阶级世界观”，他的著作为近代中国资产阶级革命提供了强大的思想武器。有“思想带着些社会主义的色彩”的陈承泽，他参与编纂、翻译、校订了十余种法政类图书，被郭沫若称为“社会主义民主派”。有“法学界耆宿元老”柯凌汉，他是我国著名的民法学家、法官、检察官，他刻苦钻研法学，见解独到，在民法和刑法方面都有很高建树。有“敢为天下先的爱国志士”何公敢，他重视法律的作用，强调法律至上，大力宣传在法律范围内解决政治纠纷。有“民国的法证先锋”林长民，他创办《法政杂志》，通过自己的政治实践，对我国法治建设做出了巨大贡献。有“学贯中西的法学大家”林振镛，他一生编著、翻译了大量法学名著。有“爱国律师”刘崇佑，他的前半生直接参与民主革命，后半生则多次为受到政治迫害的进步人士义务辩护，其中包括学生时代的周恩来，并且创办《晨报》。

纵观福州近现代法治人物，他们都有着较高的学历，还有一些都在清廷开办的近代学堂中接触到了先进理念，其中留学生最为众多，陈承泽、柯凌汉、何公敢、林长民、林翔、刘崇佑、萨孟武留学日本，林振镛留学美国，龚钺留学法国，可以看出当时西方的民主、科学以及法治思想对这些法治人物有着深远的影响。林则徐、林旭、陈宝琛、何公敢、林长民等，在任内重视维护法律制度，关注发达国家的先进制度与法治思想。林振镛、严复、龚钺、陈承泽、萨孟武、邵循恪则对国外法律有着深入的研究，大量翻译引进西方法律制度，宣传科学、民主与法律。

三、闽都法治人物学术思想概要

由于福州法治人物人数众多，时间跨度较大，且人物之间观念多有冲突之处，编者按照部门法范围对其进行分类，希望能全面概括各法治人物的学术思想。

（一）宪法与行政法方面

陈宝琛的修律思想至今仍有借鉴意义。他主张制定中西结合的法律，“参合中西律意，订一公允章程”，使得中外臣民共同遵守。他非常重视中华传统文化对法律的影响，认为在道德与法律产生冲突时，“法律与道德区域之大小，实不可不准诸时地、事物之蕃变，国民程度未至也，不得不缩小道德之领域，以扩充法律之范围”，这一观点对现代立法的指导意义仍然非常重要。他主张严格依法办事，反对徇私枉法，甚至违背慈禧的意志，使一位得罪慈禧的护军免受迫害。

严复是伟大的思想启蒙家，作为我国第一批留学生之一，他推崇宪政、自由和法治，他翻译了《原富》《社会通诠》《法意》等著作。在政治领域，他将西方政治法律制度归纳为“以自由为体，以民主为用”，即民主是自由的外部表现形式，自由才是民主政治的内在本质，提出了分权理论的现实架构，推崇君主立宪制。在法律领域，他提出法律只能惩罚当事人的犯罪行为，而不能追究他们的言论思想，旗帜鲜明地反对文字狱。在保障人权领域，他认为中国之自由不同于西方的自由，是宪政制度下不伤害社会群体利益的自由，且强调当时中国社会最紧迫的是国家的自由。

林旭是戊戌六君子之一，他在政治上主张君主立宪、制定宪法。

"孤军派"对中国法治近现代化做出了巨大的贡献，作为"孤军派"创始人之一的陈承泽，主张各利益集团应在法律框架内解决纠纷，反对分裂和暴力革命，应团结全国力量实现救亡图存的目标。同为"孤军派"成员的革命家何公敢，非常重视法律的作用，强调法律至上，认为法律是治国之重器，良法是善治之前提。他们的依法治国思想在当前推进全面依法治国的背景下仍有很大的借鉴意义。

林可彝是一位优秀的共产党员，是中国最早一批马克思主义传播者之一。他对宪法有深刻的认知，系统解释了何为基本人权，论证了道德与法律的关系，并且对我国必然要实行区域自治制度进行了分析论证。

萨孟武曾任台湾大学法学院院长，其著作主要涉及政治学、法学、历史学等方面。他认为，在当时中国的社会条件下，不宜实行西方那套民主政治，但是民主政治是中国社会发展的最终目标。在中央层面，他主张实行不同于西方的、更适合中国的五权分立的分权制衡，实现人民与政府权能分明，人民有权，政府有能。在中央与地方关系上，他主张中央集权，且实行县级自治。

吴家麟是宪法学的泰斗，他编写的《宪法学》是我国首批法律教材，对我国 1982 年宪法全面修改提出了许多真知灼见。他主张宪法的实施需要法律、组织、思想、政治四个方面的保障。他在 1998 年就提出了宪法法律至上、人民利益至上的观点。

（二）民商法方面

林鼎章是一位刚正不阿的法官，专长是婚姻法和遗产继承法。他在这两个领域内所做的一些判决对当时中国移风易俗具有促进作用，他在"天津继承权法规实施第一案"中认为出嫁女同样享有继承权；在"民国太监、妓女离婚案”中提倡个人主义原则和追求男女平等的思想，认为女性不是物品，应具有独立的民事行为权利，反映出他对人权的尊重和对平等的追求，这些都推动了当时法治思想不断深入人心。

柯凌汉是我国法学界耆宿元老，他担任过教授和法官，对民法有深入研究。他编写的《中华债法论纲》，对“债的意义、发生原因、标的、与其他权利的区别，以及各种之债，包括因契约、有价证券、无因管理、不当得利、侵权行为等所发生之债”等内容，引用了大量中外的法例、判例和学说，成为当时中国法学界的权威之作，尤其是对共同共有、社团法人的研究非常具有前瞻性，且切合中国国情。

何孝元是我国近现代的民法学家，其一生充满传奇色彩。他担任过律师、政府官员和教授，编著了大量法学书籍，其中《民法总则》的思想与体系沿袭至今；《诚实信用原则与衡平法》一书对诚实信用原则与衡平法的论述也经受住了实践的检验。

林振镛是学贯中西的法学大家，他翻译了许多外国著作，在保险法和刑法方面有很高建树。他编著的《新保险法释义》，对保险法的概念、保险契约之性质、保险的种类及组织、保险的意义等作了详细的论证，并对保险法逐条释义，举例说明。

李宜琛是民法研究的佼佼者。他所著的《民法总则》对民法各种名词、细则做了详细的解释说明，使得该书通俗易懂，便于人们理解遵循，为我国的民法研究提供了丰富的素材。

李景禧通过分析我国法制现状和立法实践，提出民法需要建立失效时效消灭制度，同时在改革开放初期就提出要建立消费者保护法。他的理论灵感大多来源于人民群众的意见和要求。

（三）刑法方面

刘崇佑是民国时期的传奇律师，他多次为遭受政治迫害的进步人士辩护，且屡获成功。他虽然没有留下著作，但其刑事辩护引用法理、言辞犀利，让政府不得不依法办事，从轻处分已被羁押的革命人士。

林翔是一位不畏强权的法官、检察官，他在经办因得罪蒋介石而被蒋欲置于死地的刘三一案中，公正判案，使刘三免受处罚。

林振镛编著的《美国刑法学纲要及与我国刑法之比较》一书，提出了现在我国刑法界最为流行的二阶层的犯罪构成要件说，即“每种犯罪，恒具有两项要素，第一为犯罪行为，第二为犯罪之意思”，这种认识在当时非常前卫。

韩美秀是刑法学家，留下无数著述，其中影响较为深远的观点有：民族自治地方刑法需要变通或补充立法、完善我国刑法中的假释制度、限制死刑，这些思想对我国当今刑法的发展仍有指导意义。

（四）国际法方面

林则徐在广州禁烟期间，安排专人翻译国外国际法著作，通过印制、学堂教育等方式广泛传播国际法思想，并尝试运用其作为一种正式的外交工具处理涉外案件，为中国禁烟运动提供合理的法律依据，这成为中国近代国际法学研究的开端。

龚钺曾是外交官，他在研究外国法律上成就突出，编著了《欧美各国现行宪法析要》，对欧洲、美洲的48个国家当时施行的宪法加以提要介绍，还由此及彼，在《比较法学概要》一书中，通过对比观察欧美国家法律制度，结合我国国情，提出了权利本位、司法独立和加强法制建设的观点，现今看来其结论非常正确。

邵循恪是西南联大、清华大学的教授，他对国家公法、外交关系有非常深入的研究。他提出的世界和平组织需要将普遍原则和区域主义相调剂，将全面合作与局部同盟相结合，将国际法的研究与时局紧密结合等思想仍具现实意义。

（五）诉讼法方面

陈襄去世后，后人在他的遗物中发现了一本《州县提纲》，涉及诉讼内容。该书共四卷，诉讼法的内容主要出现在卷二卷三中。卷二主要是关于诉讼案件的处理程序，提到了诸如避免刑讯逼供、诬陷、反诉等当时司法审判者们广泛忽视的诉讼基本要求。卷三论述了地方官如何处理囚犯、诉讼案件，对于生病的囚犯的特殊处理方法，非常接近于现代刑事诉讼程序中对于强制措施变更的运用。

（六）法制史方面

程树德是我国法制史学科的奠基人，他在《九朝律考》中对唐代以前的汉、魏、晋、梁、陈、后魏、北齐、后周、隋等朝代的法律制度按照一定方式进行排序梳理，揭示了中国法律制度演变的脉络，填补了我国法学研究的空白，后又编纂《中国法制史》，使我国法制史研究从此成为一个条理清晰、有机统一的学科。

四、闽都法学教育的影响力

闽都文化崇尚创新，先行先试，敢开风气之先。闽都的法学教育早于全国大部分地区，在中国近现代法学教育史上留下了浓墨重彩的一笔。晚清时期，中国的高校办学是在摸索中开始的，法律教育与近代法治社会相辅相成、同步发展。由于“变法”与“修律”的双重作用，西式的高校管理方式与教育体系随着西方法制一起传入中国。

福建官立法政学堂是福建近代公办高等法政学府。于清光绪三十三年（1907 年）在鳌峰书院旧址创办，日本早稻田大学政学士刘崇杰为监督。后改聘郑锡光为监督，并增设副监督一名。同年 5 月开始招生，入学资格以举、贡、生、监为限，录取 400 多名，分政治、法律两部。后本科暂缓举办，先设预科一班，3 年毕业升入本科，专习政法科目。宣统二年（1910 年），别科首班毕业 185 人，由提学司奏奖法政科举人、副举人，以直隶州州判任用。

私立福建法政学堂是全国最早成立的私立高等法政学堂之一，位于福州乌石山麓的道山路白水井。清宣统三年（1911 年）创建，首任校长林长民。1912 年改称私立福建法政专门学校。1925 年曾一度改称私立福建大学，但不久即恢复原名。1929 年改建为私立福建学院。该校在办学过程中注重罗致优良师资，严格教学管理，倡导严谨学风。1914 年，经教育部正式立案之后，被授予“为国储才”匾额。1916 年，在教育部举办的全国专门以上学校成绩展览会上，于全国公私立 38 所法政学校中名列第五，在全国 16 所私立法政学校中名列第二[①]，受到教育部嘉奖，一时驰誉全国。

① 陈庆华：《私立福建学院的历史贡献》，《福建政法管理干部学院学报》2007 年第 4 期。

第二节 闽都法治精神之一：崇法尚德

一、公正无私的海滨贤者——陈襄

（一）人物生平

陈襄（1017—1080），字述古，侯官县古灵乡（今属福州闽侯）人，号古灵先生。北宋理学家，仁宗、神宗时期名臣。他青年时代在福州求学，与陈烈、周希孟、郑穆是好友，人称“海滨四先生”。

庆历二年（1042 年）中进士，后担任浦城（今属南平）主簿，代理县令，其间他明察深研，判决不少疑案。庆历八年升为仙居（今浙江仙居）县令。时仙居“民尚朴野，罕知读书”，“民穷多变，监狱患满”。陈襄到任后，重视民风教化，改文庙，创学宫，延聘名师。后作《劝学》一文，劝诫年轻人虚心就学，并亲自到县学讲学。从此仙居办学之风日盛，“弦诵相闻，人才蔚起”，“百里田畴熟，一年囹圄闲”。

皇祐三年（1051 年），他入京任秘书省著作郎，后又外任孟州（今河南孟州）河阳令、彭州（今四川彭州）蒙阳令。嘉祐六年（1061 年）出知常州，发动百姓开渠引水，使数百里的土地得到灌溉。治平元年（1064 年）被征召为开封府推官，后担任三司盐铁判官。治平四年神宗即位，以谏议大夫的身份出使辽国。因坐席不合，他执礼力争，不肯稍有屈服，辽人反向地方官抗议，上奏朝廷，陈襄因此出知明州（今宁波）。熙宁二年（1069 年）迁修起居注，寻兼侍御史知杂事。

陈襄曾举荐王安石，但当王安石于熙宁二年推行变法后，陈襄却五次上疏论“青苗法”之害，请求罢免王安石、吕惠卿。神宗没有答应，但又器重陈襄的文才，乃召试知制诰。陈襄因为谏言没有被采纳，欲离开京城外出任职，于熙宁四年出知陈州（今河南淮阳）。

熙宁九年，陈襄被召入京，为枢密院直学士，知通进银台司，提举进奏院，后又兼侍读，提举司天监。陈襄在经筵时，受神宗信任，曾举荐重臣、名士如司马光、韩维、吕公著、苏颂、范纯仁、苏轼、曾巩、程颢、张载、苏辙、郑侠等33人。

元丰三年（1080年）三月，陈襄病逝于京都，享年64岁。朝廷追赠给事中，谥“忠文”。

（二）法治贡献

庆历二年（1042年），陈襄进士及第后被任命为浦城主簿，并代理县令事务。初上任，浦城有许多显赫的世族把持政权、横行霸道。陈襄为了改变这种习气，每次审理诉讼案件时，都会让诸官员站在自己面前，从而使得想要私通官吏者没法发声，心怀私心的官吏也无法徇私。这种行为便是一种另类的回避制度，既然无法保证官吏自觉回避，便把官吏与当事人隔离开来，使审判参与人无法与当事人私通，在这样的前提下进行司法审判，力求做到审判结果的公平公正。

同时，陈襄在司法审判过程中也运用过一些富有创造性的破案方法，其中最著名的当属“陈襄扪钟”之案：“民有失物者，贼曹捕偷儿至……襄语之曰‘某庙钟能辨盗，犯者扪之辄有声，余则否’。乃遣吏先引以行，自率同列诣钟所祭祷，阴涂以墨，而以帷蔽之。命群盗往扪，少焉呼出，独一人手无所污，扣之，乃为盗者。”[①] 这一案件，由于缺乏确凿的证据，倘若交由司法水平欠缺的判官来审理，其结果不外乎武断地推出一位可疑的人作为犯人或者使案件迟滞成为疑案。而陈襄却巧妙设局，利用犯人犯罪后的侥幸心理，依靠逻辑推理，建立有效的假说，使犯罪嫌疑人自露马脚，最终认罪服法。尽管陈襄如此审判与现代社会无证据不定罪的审判原则有所抵触，但是在当时司法者更多依靠主观判断定罪的时代背景下，确实难能可贵。由此也不难看出陈襄卓越的司法审判水平和其对法治思想的

① 《宋史》卷三百三十一《陈襄传》。

崇尚与践行。

陈襄担任地方官期间，并不只是面对刑事案件，民商事案件也同样常见。“予始至，邑豪有以债负凭折细民田土者，迹验分明，予治而归之。或有年深而无稽者，亦忘词讼，三年分户二千。凡有产而无业，积年空纳其租，许其还主者，不可胜数”。[1]随着商品经济发展，租赁、借贷纠纷日益增加，这毫无疑问给宋朝官吏们的治政和司法审判增加了不少负担，也提出了更高的要求。陈襄则能及早地适应社会大背景的变化，处理好治内的经济债务纠纷，不难看出其领先于时代同僚的崇法精神和审判素养。

（三）人物总结

陈襄推崇道德教化，宣扬“仁政”，得到治内百姓的称赞，并为后人广泛赞许。其治政期间，审判了诸多案件，提出了不少在当时背景下被众人忽视的司法审判思想或变革。任朝官时，他更是为朝廷推荐了大批贤臣能士，如程颢、张载，这既为宋廷的官场招来一股贤良之风，又间接地推动了宋代理学的发展。在反对王安石新政的过程中，陈襄五次批评“青苗法”，但因谏言未被采纳而屡次辞官不就。陈襄与其同僚相比，之所以能取得如此之高的成就，大概是因为他能够恪守道义，一切以德、法为基准，崇德尚法，不仅对徇私舞弊之事深恶痛绝，更能够客观理性地运用自己的法治修养审断疑难案件。纵观其一生，当真无愧于“北宋名臣”的称号。

普法小环节 儒家所倡导的“仁政”，影响了中国社会几千年，即使现在，仍有重大影响。一方面，在现代如果实施“仁政”思想，关心人民群众生活疾苦，制定有利于人民群众的法律法规，能够减小贫富差距，缓解社会矛盾，促进社会和谐。另一方面，“仁政”思想对社会主义法治理念的形成以及法治建设的意义十分重大。当然，“仁政”思想也会让民众对个人人格的独立缺乏必要的思想准备，在他们的法律意识中最多的还是与生俱来的“善”性。

《中华人民共和国民法典》（以下简称《民法典》）以弘扬社会主义核

① ［宋］陈襄：《古灵集》卷二十三《和郑闳中仙居十一首》。

心价值观为目标之一，切合实际地为道德的发扬提供了肥沃的土壤。《民法典》凝聚了中国人的道德共识，这一点在总则编中就有重要的体现。把握好法律与道德的关系，法不能脱离道德的轨道，同时道德也不能不受法律的约束。加快建设社会主义法治进程，首要的仍是改造民众思想意识中的“善”性，只有重视提高全民的理性，才是法治进程的根本动力。

二、热血一生的治理人才——辛弃疾

（一）人物生平

辛弃疾（1140—1207），原字坦夫，后改字幼安，号稼轩，山东东路济南府历城县（今济南历城）人。南宋豪放派词人、将领，有“词中之龙”之称。与苏轼合称“苏辛”，与李清照并称“济南二安”。

绍熙三年（1192 年），由于新任吏部尚书赵汝愚的推荐，53 岁的辛弃疾被起用为提点福建路刑狱公事兼代福建路安抚使。当时正隐居武夷山武夷精舍的好友朱熹，给他写了一篇《贺启》曰：“卓荦奇才，疏通远识。经纶事业，有股肱王室之心；游戏文章，亦脍炙士林之口。”还赠他三句话：“临民以宽，待士以礼，御吏以严。”果然，辛弃疾特别在“御吏以严”上做文章，将在押的一些穷凶极恶的江洋大盗和犯事的豪强全部处死，以杀人立威，将福建路的治安迅速扭转过来。

辛弃疾在福州做的另一件事是推行“经界”。孟子说：“夫仁政，必自经界始。”“经界”就是要厘清土地产权，减轻百姓负担。这就是“临民以宽”的政治主张。当时福建十之六七的土地集中在豪强地主手里，但他们却享有免税、免役的特权，因此百姓怨声载道。辛弃疾下决心，强力推行“经界”。他写了一篇《论经界钞盐札子》上奏，朝廷批准下来，但由于触犯了豪强地主的利益，被丞相留正等人诬陷，受到重重阻挠，最终不得不半途而废。此外，辛弃疾在福州期间还推行“盐钞法”。其时福建的食盐贵、质量差，百姓怨声鼎沸。私盐贩子趁机贩盐入境，质量比官盐好，价格还低。于是，官府按人口强行摊派食盐，上下减刻，其弊尤多，导致强悍之辈往往拒而不受，贫弱易制者往往抑配无时。可惜的是，辛弃疾的

“抑强扶弱”政策还没有成功，便被朝廷调离福州。

辛弃疾入京后受命为太府卿，没有实权。半年后，以朝散大夫加集英殿修撰的身份知福州，兼福建安抚使。辛弃疾这一次在福州任上，加了许多头衔，自然对推行“经界”和“盐钞法”信心满满。但福建的官事已积重难返，手下的官吏阳奉阴违，不肯认真着力进行土地所有权的清查工作。辛弃疾进退两难，于是先由“察冤狱”做起。他飞檄福清主簿傅大声，要他去协查长溪县囚犯的案情，大刀阔斧辨释了50多人。

开禧三年（1207年）十月三日，辛弃疾心怀忧愤之情和爱国之心离开了人世，享年68岁。朝廷闻讯后，赐对衣、金带，视其以守龙图阁待制之职致仕，特赠四官。绍定六年（1233年）追赠光禄大夫。

（二）法治贡献

辛弃疾在担任地方官时，曾提倡严惩贪污、抑制豪强的法治思想。对于百姓施行仁政，对于危害百姓的贪官污吏、不法豪强则厉行法治，以此来缓解社会矛盾和阶级矛盾。具体来看，辛弃疾担任提点福建路刑狱公事期间，对于罪行深重的罪犯和贪官污吏处以严刑，但又对百姓所犯疑难案件秉公处理，平反了许多冤假错案，反映出辛弃疾弘扬法治、以人为本的积极治政观念。

任朝官时，辛弃疾主张广开言路、重任贤能。其要求主要有两点：一是要求皇帝任用贤能，不能怀有私心；二是皇帝应广开言路，不能刚愎自用，应当在决策前博采众议，择善而从。

（三）人物总结

“聚散匆匆不偶然，二年遍历楚山川。但将痛饮酬风月，莫放离歌入管弦。”①

辛弃疾的一生，都是在被抛弃的感叹与无奈中度过的。时代背景和朝堂环境不使其为官，而历史的遗憾、雄心壮志与国家重压相激荡，最终汇聚在心中喷涌而发。然而，从其《美芹十论》《九议》以及不多的为官经历中，可以看出他是一位经天纬地的相才，具有“民为国本”“惠养元元”

① ［宋］辛弃疾：《鹧鸪天·离豫章别司马汉章大监》。

的仁政思想，广开言路、重贤任能的开明主张，严惩贪污、抑制豪强的法治思想。

普法小环节 辛弃疾在任期间治理社会时的一系列“临民以宽，待士以礼，御吏以严”的措施，体现了法治思想。特别是在临民以宽上，体现了《管子》中的民本思想，宣扬依法治国，把法作为对人们日常生活的行为规范以及当政者推行政策措施的当然依据。其所实施的“经界”“盐钞法”体现了宽和利民的特色，真正体现了一名官员站在百姓的角度去考虑问题、解决问题的思维方式。这样的模式也是我国社会主义法治思想进一步发展完善所必须达到的目标。

三、崇法弘法的儒绅——陈宝琛

（一）人物生平

陈宝琛（1848—1935），字伯潜，号弢庵，福建闽县（今福州市）螺洲人。其曾祖父陈若霖曾任刑部尚书；祖父陈景亮曾任云南布政使；父亲陈承裘进士出身，曾分发刑部浙江司行走。

陈宝琛13岁中秀才，18岁中举人，21岁成进士，授翰林院庶吉士，同治八年（1869年）散馆考试，授编修。曾两次派充顺天乡试同考官，光绪五年（1879年）任甘肃乡试正考官。光绪六年七月升翰林院侍讲，任日讲起居注，八月授右春坊右庶子，以及武英殿协修、纂修、总纂，提调国史馆、功臣馆协修、纂修。光绪七年授侍讲学士，参与草拟诏书、敕令等中枢机要事宜。光绪八年简放江西乡试正考官，不久转任江西学政。光绪九年升内阁学士兼礼部侍郎衔。

陈宝琛入翰林院后，与张之洞、张佩纶、宝廷四人敢言善谏，被称为“清流党”，又称“枢廷四谏官”。陈宝琛就边防、御侮、进退大臣等方面先后上书数十章，深得慈禧、光绪宠信。

19世纪70年代后，列强加紧对中国的侵略步伐，陈宝琛当时对内主张弹劾权贵，对外力主抗战。光绪五年，出使俄国谈判索还伊犁的崇厚擅自签订丧权辱国的《里瓦几亚条约》，陈宝琛上书请诛崇厚、毁俄约，但清廷在沙俄的压力下，将崇厚开释。光绪八年四月，法国步步北侵。陈宝琛认为中越两国“辅车相依，唇亡齿寒”，一再上疏奏陈，主张“举义师以平其难”，他建议“以云南之兵复山西，以广西之兵谋河内，以广东之兵扰海阳”，使法国侵略者“兵分力单，顾此失彼”，并表示“敌忾同仇，不敢自同局外”。光绪十年五月，清廷下旨派陈宝琛为钦差会办南洋大臣，并授他“专折奏事”之权。同年七月，在江西典试的陈宝琛奉旨后，启程赴抗法前线。抵达南康之时，接到三道谕旨，要他到天津和李鸿章一起妥筹中法和议细节。七月十八日，陈宝琛抵达上海，正打算乘船北上，恰遇祖父病逝，按例报请在行馆持服21日。清廷改派曾国荃为全权大臣，在上海与法使议约，并派陈宝琛为和谈会办。陈宝琛以“拙于辞令，不习洋情，筹防义不容辞，议和才识不逮”电辞，但未获准。此时，清廷内部关于“战”“和”举棋不定，陈宝琛认为拖延会延误时机，密电清廷要求尽快决定。不久，法国舰队占据基隆，清廷指示陈宝琛“不必再议，唯有一意主战”，并令“即回江宁办防”。光绪十一年二月，陈宝琛因举荐的唐炯、徐延旭溃败，以“荐人失察”之过，被降五级调用。从这以后，陈宝琛闲居福州长达20余年。在闲居期间，陈宝琛于光绪二十一年出任福州鳌峰书院山长，光绪二十六年创设东文学堂，曾任这两个学堂的监督。

光绪三十四年十一月，光绪、慈禧相继薨殁，溥仪登基。在张之洞推荐下，陈宝琛于宣统元年（1909年）三月赴京，四月被钦命为总理礼学馆事务大臣。次年四月开复内阁学士兼礼部侍郎衔原官，六月以硕学通儒充资政院钦选议员。光绪三年一月以原衔充补汉经筵讲官、实录馆副总裁。六月清廷补授他为山西巡抚，未上任又开缺，以侍郎候补在毓庆宫任皇帝授读，并赐紫禁城骑马；八月改补正红旗汉军副都统和奕助内阁的弼德顾问大臣，授读如故。

武昌起义，民国成立，溥仪根据“优待条约”保留帝号。65岁的陈宝琛仍在故宫就任“帝师”。1916年底，他撰写《德宗本纪》完稿，晋升太保。1922年1月，他撰成《德宗实录》，溥仪又升以太傅衔，次年升实录馆正总裁。1924年10月，冯玉祥回师北京发动政变，迫使溥仪取消帝号，移出紫禁城，陈宝琛力争恢复优待条件，“还宫复原”。在他和庄士敦的陪同下，溥仪移住日本使馆“避难”。次年2月，溥仪出走天津，居日租界静园，陈宝琛等随往。九一八事变后，东北沦陷，关东军派土肥原贤二至天津诱引溥仪去东北出任伪满洲“皇帝”。那时陈宝琛在北平，见报立即赶回天津，在静园召开的“御前会议”上，反对溥仪去东北。1931年11月10日，溥仪背着陈宝琛前往东北。陈宝琛虽不满，但仍于两个月后赶到大连，在旅顺肃王府再三劝告溥仪“等候时机”，“不要轻信郑孝胥的欺阁之言”。当陈宝琛知道溥仪已成为日本关东军笼中之鸟时，他匆赴天津，随后返回北平，离开了23年相随的废帝。1935年3月5日，陈宝琛在北平寓所病逝，享年88岁，后归葬闽县君竹山。

（二）法治贡献

1. 中西结合的修律思想

鸦片战争后，西方列强强力打开了中国的国门，中外交流日渐频繁，涉外诉讼也越来越多。在中外商民诉讼中，“华人用华律，洋人用洋律”，由于“洋律畸轻，华律畸重”，往往导致“民间怨毒日深，彼族气焰愈长”。陈宝琛敏锐地意识到，唯有改变中国法制落后的局面，赶上世界法制化进程大发展的潮流，才能更好地维护国家利益。为此他主张派人出国考察，学习西方法律制度，选任精通律例和案件审理的官员与总理衙门一道，“参合中西律意，订一公允章程”，使得中外臣民共同遵守，“有司持平以执宪，不至茫惑于两歧；小民畏法而知恩，专可相安于无事”。不同于时人推崇“军备自强、商战求富”的思想，陈宝琛认为富强的前提是改革现有的政治框架，最好的办法就是修律。他在《条陈讲求洋务六事折》中主张参考西方法律制度修改律法，以求富强。虽然论述仅涉及司法律例，但是超越了当时洋务派对西方“器物”的探索，触及具体的制度。“崇法”的思想使他成为时代的先行者，很大程度上推动了后来的法律改革。

八国联军侵华战争后，清廷面临内外交困的处境。为了维系自身的统治，清廷开始着手政治改革，推行包括仿行宪政、修订法律等在内的“新政”。光绪三十二年（1906年），慈禧颁布《仿行立宪上谕》，当时云贵总督岑春煊强调国家向“法治之国”转型的过程中，礼教对于稳定社会秩序的重要性。他请求“特开一馆，遍征儒臣”，制定吸收西方宪政之长的士庶通行之礼[①]，推动礼学馆的设立。宣统元年（1909年）二月，在张之洞的推荐下，陈宝琛任礼学馆总理。于是，陈宝琛与王先谦、冯煦等人向清廷呈报了修订通礼的十九条“凡例”。“凡例”以传统的礼治为宗旨，并没有符合“仿行宪政”的要求，但是仍然得到清廷的批准。在陈宝琛看来，尽管法律是调整社会关系的重要手段，但仅仅依靠“法”并不够，“礼”在中国社会的影响不容忽视，其往往会施加比“法”更巨大、直接的影响。“礼”作为中国传统文化的根本，“亡礼”就是“亡天下”，“法治之国”需要寓礼于法，否则容易导致社会动荡。宣统二年，礼学馆开始参与《大清现行刑律》与《大清新刑律草案》的修订工作。《大清现行刑律》完成于1910年，主要借鉴西方各国特别是德日等国的成文法。陈宝琛对西方各国的法律有一定的了解，推崇法制的他虽然主张修订旧法、制定新刑律，但是他认为修律“不当一一求合于外国法律而没吾国固有之文明”。因此，在刑律的修订意见中，一方面，陈宝琛对“诬告子孙、外孙、工人及擅杀子孙，或不论罪，或从轻减”等条款持反对意见，他认为这些条款“背理逆情”，封建礼教的势力固然强大，但若一味妥协则会使刑律的修订脱离惩奸除恶的目的，在旧制上停滞不前，因此主张予以变革；另一方面，他也主张“法律不能与习惯相反者，立法上之原则也”，他认为中国实行的是家族制度，与西方国家“事事以自由独立为重典”的个人本位不同，在法律与本国的道德之间发生冲突时，“法律与道德区域之大小，实不可不准诸时地、事物之蕃变，国民程度未至也，不得不缩小道德之领域，以扩充法律之范围”，面对礼教对“无夫奸”的行为没有形成足够约束力的情况，他同意劳乃宣的观点将“无夫奸”的行为纳入法律调整的范围。[②]

2. 税收思想

清末，朝廷的税制非常混乱，除了国家的征税以后，还有各种附加税以及地方各级官府用以扩充地方财政收入而擅自附加的各种税制，严重加剧了百姓的负担。陈宝琛认为，“唯民之需财，犹鱼之需水，水涸则渔枯，

① 岑春煊：《云贵总督岑春煊奏请修明礼教折》（光绪三十二年九月二十二日），载佚名辑：《清末筹备立宪档案史料》（下），文海出版社1981年版，第977页。

② 陈宝琛：《陈阁学读劳提学及沈大臣论刑律草案平议》，载劳乃宣编：《桐乡劳先生（乃宣）遗稿》，文海出版社1969年版，第945—946页。

财竭则民死，民知其将死，蹶起而思一奋，有雄鸷者素之以趋，其初发难于一隅，久渐蔓延，不可收拾。自秦汉以来，若陈涉、张角、黄巢、翟让、方国珍、李自成之徒皆是也”，[①] 苛捐杂税往往导致丧失民心，危害国家安全，而这一乱象的根源在于税收活动缺乏一套合理、科学的法律制度加以指导。他主张将新增的税捐由朝廷进行全面审查，决定哪些税捐可以继续开征或者废除或者缓征；经过审查之后，税捐的权利收归朝廷所有，地方官府不能擅自设立新税种；新开设的税种须经“部议”等程序进行决定等。可见陈宝琛不仅倡导积极发挥法律的规范作用，还重视法律的社会效果，将“民本思想”中“勤政裕民”的观念吸收进来，极力主张对可征可不征的税收尽量不征，对必须征收的税收要从轻征收，以减轻百姓的负担。此外，他还主张制定税则，通过立法手段形成税法，实现税收的法制化，将整个税收活动都置于良法的管控之下。

3. 主张按律定谳，反对徇私枉法

在司法方面，陈宝琛主张严格依法办事，不能用个人意志作为审理案件的标准，以维护法律权威。光绪六年（1880 年），慈禧派太监李三顺为妹妹家送东西，因违例午门，值班的门禁护军不肯给李三顺放行。李三顺回见慈禧，诬告说他被护军殴打。慈禧大怒，立即与慈安商议怎样办理此案，并坚持要杀护军。刑部按照大清律法对双方都进行处罚，引起慈禧太后不满，要求改判，严惩护军。陈宝琛在详细了解案情之后，为了维护法律的权威与稳定，上疏力争，阐明破坏门禁制度的危害。慈禧只好给护军减刑，并将李三顺交慎刑司处罚了结此案。在刑部面对慈禧太后的淫威、案件似已定局的情况下，陈宝琛冒着风险勇于进谏的行为，闪耀着为公平正义而战、为无辜人讨公道的人文情怀，而上谏的内容也反映了他维护法制，主张秉公执法的“崇法”思想。

（三）人物总结

陈宝琛一生中经历了洋务运动、戊戌变法、辛亥革命、抗日战争等一系列重大事件。面对当时中国内外交困的社会现实，陈宝琛鼓励中西结合、相辅相成，积极提倡引进西方的科学和技术。他重视教育，积极办

---

① 郑家驹：《陈宝琛的税收思想》，《福建税务》1994 年第 2 期。

学，开创了福建近代教育的新局面。在近代化的学习过程中，他虽然极力维护君主专制制度和统治阶级的利益，极力维护纲常伦理，但也非常重视法制建设，在多次影响重大的案件中坚持践行依法办事的思路，并积极了解西方各国法律的价值理念，为清末新政建言献策。可以说陈宝琛的法律主张突破了当时洋务派仅就技术方面的探索而上升到制度层面。同时，在学习西方的过程中，他考虑到中国的风俗民情、教育程度方面的社会实际，没有割裂法律与道德的紧密联系，建设性地将优秀文化吸收进来，丰富了法律的内涵，真正做到了“崇法尚德”。

普法小环节　陈宝琛在近代史上的作为，可谓是令人啧啧称道，其在法治建树上，不仅存在着“人本”思想，而且积极地宣扬中西合并的法治思想，能够切身实地站在老百姓的角度实施法治措施，坚持依法办事。在我国现行的《民法典》中，也是对社会中的一些热点问题进行了回应，例如针对小区物业管理的“住改商”问题，其中第二百七十八条扩大了小区业主共同决定的事项，纳入了“改变共有部分的用途或者利用共有部分从事经营活动”，同时降低了最低表决标准，这些都体现了《民法典》以民为本的初心。

四、民国的法证先锋——林长民

（一）人物生平

林长民（1876—1925），幼名则泽，字宗孟，自称苣苳、苣苳子，又号桂林一枝室主，晚年号双栝庐主人，福建福州人。他是林徽因的父亲，林觉民烈士的哥哥，福建政法专门学校（福建师范大学前身之一）和福州二中的创办人。

林长民 1899 年考中秀才，1901 年与林纾、魏易等主编《译林》月刊，1903 年译成《西方东侵史》一书。1906 年入杭州东文学校，毕业后赴日本早稻田大学攻读政治、法律，曾任留日福建同乡会会长。1909 年毕业回国，任福建省谘议局书记长、法政学堂教习及教务长。后自办私立法政学堂，任校长。1912 年，南京临时政府成立，林长民任内务部参事、法典委员，并被推为闽省代表，参与制订《中华民国临时约法》。同年 2 月，与程德全等组织“统一党”，后与张謇等组建“共和党”，参议院北迁后任秘书长。翌年，当选为第一届众议院议员，任秘书长兼宪法起草委员。1912 年任政事堂参议、参政院代理秘书长。之后“共和党”与其他保守派合并为“进步党”，林长民任政务部部长。1913 年起，历任国务院参议、法制局局长。1917 年 7 月任段祺瑞内阁司法总长，11 月辞职。翌年，任总统府外交委员会委员兼事务主任，后任国联同志会理事。1918 年赴英国伦敦，与梁启超等倡组“讲学社”。1919 年 5 月被推为中国首席代表出席世界国联总会，10 月回国。1922 年任福建大学校长。1923 年 5 月任宪法起草委员会委员长。后入奉军郭松龄幕，参加反张作霖的战事，在苏家屯被流弹击中身亡，终年 49 岁。

（二）法治贡献

纵观林长民的一生，他既崇尚法律之治，又注重人文情怀，尤其是在政治生涯中体现的法律思想值得后人研究。林长民致力于以改良的方式实现立宪政治，并且不断为之奋斗。

1. 推崇法律公正，做法律的实践者

林长民从政期间，为官清廉、两袖清风，其担任司法总长时，袁世凯表弟张镇芳因支持“复辟”被定为内乱罪，张镇芳想贿赂林长民，希望得到特赦，但被林长民果断拒绝。这一行为令人侧目，但由于社会局势黑暗，其他官员接受了贿赂，从而使张镇芳逃避了法律的制裁。林长民觉得这是对司法的践踏，愤而辞职。他的这一行为不仅是对当时社会的讽刺，而且还捍卫了其内心崇尚法律的理想。

2. 重视价值观和责任感

1919 年巴黎和会后，林长民在北京《晨报》上发表了《外交警报敬告国民》：“昨得梁任公先生巴黎来电，略谓：青岛问题，因日使力争，结果英法颇为所动，闻将直接交于日本云云。呜乎！此非我举国之人所奔走呼号，求恢复国权，主张应请德国直接交还我国，日本无承继德国掠夺所得之权利者耶……此皆我国民所不能承认者也。国亡无日，愿合我四万万

众誓死图之。”该文章揭露了政府的卖国行径，一发表就引起重大反响。1919年5月4日下午，北京十二所学校的三千多名爱国学生举行示威游行，火烧赵家楼曹汝霖住宅，痛殴章宗祥，五四运动由此爆发。与此同时，林长民等主张的“铁路统一”案遭到拒绝，该提案旨在解决“打破日本独占中国之铁路权，由此改变政治性质之路为商业性质之路，改变一国单纯垄断之政策为根本国完全之基础，能改则存，不改则亡”。林长民是赞成“铁路统一”的重要代表人物，在他看来，铁路统一至少有三大好处：“一鉴于境内铁路之形势，应以统一办法收回他有各路，破除势力范围，消弭远东战祸；二鉴于铁路负债之重、营业之亏，应以统一路债办法，举新债，偿旧债，从根本上整理，以免积耗驯至破产；三鉴于吾国资力之不足、铁路之不发达、产业之阻滞，应从统一路债入手，多输外资发展路线增益富源，即铁路营业亦受其利。”[①]

（三）人物总结

林长民是民国时期一位充满传奇色彩的政治家。他出身书香世家，从小接受良好的教育，后留学日本，学成归来后在家乡福州创办了法政学堂及附属中学，并且还创办了《法政杂志》，该杂志主要介绍各国的宪法及其他法律。林长民希望通过创办杂志推动国内的法治建设。除了宣传法律思想外，他还对我国的法治建设做出了重大贡献，其曾参与制订《中华民国临时约法》，该法律在当时具有重要的时代意义。此外，林长民作为五四运动的“点燃者”，在五四运动中发挥了至关重要的作用，正如欧阳军喜所说：“五四运动爆发之前，在国内各派政治势力围绕着‘铁路统一案’与‘山东问题’的斗争中，林长民起了很大的作用。他先是致力于铁路统一案之提出与实施，继而力主把青岛问题与胶济铁路及其延长线济顺、高徐两路联系起来，之后又运动拒签和反对与日直接交涉。”[②]除了五四运动及铁路统一问题外，林长民还担任过宪法起草委员会委员，主要负责生计制度的起草，但由于曹锟贿选总统成功，其主张的生计制度难以

① 林长民：《铁路统一问题》，《时事旬刊》1919年第7期。

② 欧阳军喜：《林长民与五四运动——兼论五四运动的起源》，《复旦学报（社会科学版）》2003年第6期。

实施，其政治理想再次落空。曹锟政府倒台后，林长民再次主持宪法起草工作。

普法小环节　林长民从政期间的行为，体现出其“崇法”的精神，这与古代的法家“法治”思想不谋而合。中国古代法家以“法律之治”为核心，主张依法治国，并且从各个方面进行论证，完善和拓展了法家“法治”思想。林长民不为张镇芳的贿赂所动，而坚持将其依法定罪的行为，便是契合了法家“法不阿贵，刑无等级”的法治理念。公正是法最本质的特征，“不别亲疏，不殊贵贱，一断于法”，是法家有别于其他思想学派的鲜明特征。

《中华人民共和国刑法》（以下简称《刑法》）第四条规定：“对任何人犯罪，在适用法律上一律平等。”不允许任何人有超越法律的特权，该原则体现了法治文化的传承。

五、“思想带着些社会主义的色彩”——陈承泽

（一）人物生平

陈承泽（1885—1922），字慎侯，号说难、洗心，福州人。1902 年中举人，1906 年留学日本明治大学学习法政以及哲理，其间加入中国同盟会。回国后加入上海商务印书馆编译所。1911 年参加辛亥革命福建起义，出任福建都督府参事会（后改政务院）秘书长。1912 年上半年曾短期任南京、北京临时参议院参议员，未待正式国会产生即脱离政界。1912—1914 年，他有多篇政论文章见于《民主报》《甲寅》《雅言》等报刊。1914—1915 年兼任《时事新报》总编辑。1918 年，他积极援助集体罢课归国的留日学生，为《救国日报》撰稿。1920 年起，参与《学艺》杂志、《东方》杂志编辑事务。1922 年，与商务印书馆编辑何公敢、范寿康、阮湘、李闪亭等人组织孤军社，创办政论刊物《孤军》杂志，陈承泽亲自起草《孤军宣言》。1922 年 8 月 8 日病逝。

（二）法治贡献

1. 对近代法学体系构建的作用

清末，我国掀起留学热潮，其中最突出的是留学日本。留学生们很大一部分学习法政知识。他们学成回国之后，积极参与我国近代法学体系的构建，陈承泽就是其中之一。

陈承泽主要通过编辑由张一鹏创办的《法政》杂志，与孟森、陈时夏等人翻译梅谦次郎所著的《民法要义》，翻译牧野英一所著的《刑法通义》等法政图书，编写《法院编制法讲义》《中华现行刑律要义》《中华现行民律要义》等书，为近代中国法律体系的构建传播新词汇，也为各门法学学科的诞生和发展奠定了基础。陈承泽对法学理论的传播和推崇实乃法制化进程之所必需，解决了“有和无”的问题。另一方面，陈承泽编订的这些著作呈现出“注释或解释条文中心主义”的特色，大部分是基于对具体条文的解释，缺少对于具体理论的研究和创新[①]，这也是在法制不健全情况下一种急于填补空白的选择。

2. 主张严守法律

陈承泽是“孤军派”的发起人之一。“孤军派”早期的政治主张是“重续法统”，即维护辛亥革命所带来的法律成果——《中华民国临时约法》。在陈承泽撰写的《孤军宣言》中，他重拾被大众冷落的临时约法，严正告诫国人：“你们是法治国民，你们应该信仰你们的法——具体的根本法，就是现行的临时约法。”此外，陈承泽在探讨南北国会和南北总统哪一个是合法的问题时，发表了《法统问题的严正解释》一文，说道：“我们若还承认国家，我们无论对于现在和将来，我们应该严守法律的轨道。我们不要和当事派旁观派一样，离开法律说话；但是同时我们不要曲解法律，供一人一党一时的利用。我们要晓得：我们牺牲无数的生命财产所得的中华民国，到了如今，还只剩个法律（就是临时约法）；我们纵不爱惜法律，我们要爱惜这几年来所出的代价。我们若不肯养成守法的习惯，我们若是对于法律系统没有明确的信仰，天天说什么政治论，结局政

① 庞昭，邝良锋：《留日法政学生与近代法学体系的构建》，《学术论坛》2011 年第 5 期。

治是永无安定之日。”[1] 陈承泽不仅信仰法律，更维护法律，努力运用法律解决现实问题。他通过临时约法中关于总统任期、选举方法、国会产生程序等具体条文的法理分析，得出南北总统都不合法，南北国会议员要成立的正式国会都没有成立，有力推动了被非法解散的国会重新开会，使被中断的法统为人所承认，为社会上“崇法”精神的崛起贡献良多。

此外，陈承泽不断奔走呼号，主张唤起同胞的觉醒，争取把南北分裂之前各派的政治势力团结起来。他反对分裂和暴力，将团结力量一致对外的思想传播给众人，以自己的爱国主义情怀感化国人，希望“健全的游离分子，以共同的利害为前提，然后及于阶级和自己的利害，以最近将来的利害为基础，而兼顾到较远将来之利害。果能这样，不独可以减少全般政治的紊乱，而且可以缓和阶级势力不平均的趋势”。[2]

（三）人物总结

陈承泽一生很短，在民国初年那个社会急剧变迁的年代，他是被历史遗忘的人物。但他参与编纂、翻译、校订了十余种法政类图书。郭沫若曾评价他是一个“思想带着些社会主义的色彩”的“社会主义民主派”。[3] 此外，他毕生致力于国文法的研究和字典的编纂工作，最重要的著作是《国文法草创》，首创了“致动”“意动”的概念，提倡言文合一。

普法小环节 陈承泽所主张的严守法律的思想得到了当时国民的普遍拥护。在动荡的革命时期，一部完善的法律具有承上启下的功能，不仅具有对行政机关的权力约束，同时也能够起到安定社会、抚慰人心的作用。但是法律的实际效用需要得到大家的认可以及在社会中得到广泛的施行，才能使其效率达到最优化。

陈承泽的法治思维对我国目前的现代法治的建设有着深远的影响，就比如我国第一部《民法典》的颁布就是全面依法治国的重要举措。《民法典》作为一部巩固根本、有利于未来发展的基本法，一方面从历史中借鉴人类法治精神的精髓，另一方面针对当下社会热点民生问题进行立法。《民法典》的颁布，能够更有效地实现严格执法、公正司法以及全民守法的目标。

---

① 陈承泽：《法统问题的严正解释》，《东方杂志》1922 年第 15 期。

② 说难（陈承泽）：《政治上游离分子的问题》，《东方杂志》1922 年第 12 期。

③ 赵存茂：《郭沫若的〈月光〉与陈慎侯》，《福建论坛（文史哲版）》1984 年第 1 期。

六、敢为天下先的爱国志士——何公敢

（一）人物生平

何公敢（1889—1977），原名何崧龄，笔名“一卒”，福清龙田人。1902 年，14 岁的何公敢赴日本留学，参加了孙中山组织领导的同盟会。武昌起义成功后，何公敢以革命义士的身份参加苏州起义，随后又回到福州参与组织敢死队。1911 年 11 月 8 日，何公敢等人组织敢死队参加了光复福州的于山之战。

辛亥革命胜利后，福建成立革命军政府，何公敢被任命为盐务使，后因得罪福州盐商，被调往泉州任盐务使，遂第二次赴日留学。1921 年，受聘为陈嘉庚创办的厦门大学经济学教授兼任总务长。1921 年 6 月，林文庆到厦门大学担任校长，何公敢将校务交接完毕，即于当月提出辞职，赴上海商务印书馆任编辑主任。他翻译了《财政学》，编辑了《英汉字典》，并撰写了《公债》。其中《公债》为“万有文库”丛书之一。1932 年，杨树庄主持闽政，何公敢出任财政厅厅长。1932 年 1 月 28 日，日军进犯上海，何公敢积极支持十九路军奋起抵抗。1933 年 11 月，十九路军被调往福建，何公敢参与了李济深、陈铭枢、蔡廷锴等人在福州发动的“闽变”，成立中华共和国人民革命政府。11 月 20 日，他作为福建省的第二名代表参加“全国人民临时代表大会”，当晚被大会主席团公推为“人民革命政府”委员。22 日被“人民革命政府”任命为“闽海省”省长。24 日宣誓就职，表示要解放农工，打倒帝国主义和蒋介石南京政府。12 月，何公敢以连江县为“试验田”，颁布《连江计口授田暂行条例》，着手进行“计口授田”的土地改革。1934 年“闽变”失败后，他流亡日本、香港地区，仍然坚持学习《资本论》，并撰文结集在香港出版。1937 年，全民族抗日战争开始，何公敢任国民政府军委会政治部第三厅战地文化服务处总干事和政治部设计局委员。1941 年，他与沈钧儒、史良等人发起成立“中国民主同盟”，被选为中国民主同盟中央委员和南京支部长。中华人民共和国成立前夕，何公敢回福州以创办乌山农场和渔业公司为掩护，联络革命同志，迎接福

州解放。

中华人民共和国成立后，他仍然积极编撰《新时代辞典》和《汉字检字法》两部工具书。1955—1957 年，他任福建省司法厅厅长，后历任省人大代表、省政协委员、全国政协委员、民盟福建省副主委等。1977 年病逝于福州。

（二）法治贡献

何公敢是《孤军》杂志的主要负责人之一。《孤军》于 1922 年 9 月创刊，由泰东图书局出版发行，发起人为陈承泽。但是陈承泽在杂志出版前去世，杂志主要事务由何公敢等人负责。1926 年 1 月 1 日，《孤军》改为《独立青年》月刊，由郭心崧任主编，同年 8 月终刊。

“孤军派”主张法律至上，《孤军》的创刊号中呼吁民众“撑着你们公共信仰的法律旗帜”，强调只要还承认国家，就应当严守法律轨道，不能离开法律立场说话。他们主张要将全体国民带向法治的路径，实现宪政。在实现宪政的过程中，何公敢更加注重程序正义的价值，他指出：“我们宁可得到坏的结果而采用立宪的手段，这是对于法治抱有信仰的人们所必需的觉悟。”[①] 即便在国家动荡的年代，他依旧信仰法律的力量。“孤军派”十分注重“法统”，即要维护《中华民国临时约法》，强调议会的作用。何公敢认为，“纠合国民，澄清选举，改造议会”，为新中国建造“一条堂堂的大路”，使“民国政治趋向正轨”，才能解决民国的根本问题。他主张代表民意的议员在议会中发挥作用，民众运动在议院外援助，“督促国会，克期完成宪法”“督促议员，克期选举总统”等监督国会从而影响政治，当国会出现违反国会制度的行为时，国会制度本身仍值得信赖，即便解散当前的两院，也应当重新选举两院议员，使国家政治归于正轨。

在曹锟贿选成功之后，何公敢深感国会和议会已经失信于民，他写道：“我们要从速转换我们希望的方向，从我们国民身上，从我们自己身上，寻出一条血路来走！我们舍起而图‘国民自决’外，别无办法。”他认为，要“实行普遍的政社运动与继续的直接行动”。可见何公敢的“崇法”思想并非浮于表面，他也在思考使中国转变为法制国家的路径，并开始走向革命的道路。

---

① 何公敢：《建造新中国的唯一的路》，《孤军》1923 年第 7 期。

（三）人物总结

何公敢作为信仰法律的先行者，以制度作为法治的框架，以法律作为标杆进行遵守，在民国立法普遍的时期，他坚持宪法乃一国之根本，立国必须立法，无论是社会运行还是经济发展都离不开法律的作用。这种以法为本、用法有据的法治思维，也同时体现出了何公敢的“崇法精神”。

普法小环节 何公敢坚持的程序正义对现代法治具有积极的意义。首先，有利于形成权力制约，防止公权力的滥用，程序正义能使案件审理的各个环节置于公众监督之下，督促法官依法办案、独立办案。其次，有利于提高裁判的公正性和可信度。最后，有利于建设社会主义法治国家，程序正义是法治社会的灵魂，是法治国家的标志。坚持程序正义，不仅有助于正义的实现，而且能使公众真正体会到“看得见的正义”。

七、奋战在新闻与法律之间——林仲易

（一）人物生平

林仲易（1893—1981），原名秉奇，号竹西，福州人。其父林作舟，曾任广东阳山知县。林仲易 8 岁时，父亲去世，由母亲抚养长大。1911—1913 年在法政专门学校特科甲班学习法律。

1914 年，福建法政专门学校校长林长民升任参政院秘书长，林仲易也随林长民到北京，任参政院速记科书记员。1917 年，林仲易由其老师刘崇佑资助赴日留学。1918 年入日本早稻田大学专门部政治经济科学习。1920 年毕业归国，应刘道铿的聘请，就任《晨报》编辑，由此开始投身新闻工作达 16 年之久。

1921 年，林仲易任《晨报》新闻编辑主任，受新文化运动和俄国十月革命的影响，发表了不少报道群众运动和社会改造问题的文章。《晨报》停刊后，林仲易成为执业律师，并在私立平民大学讲授民法、诉讼法。1930 年，他又协助陈博生组建北平晨报社，1936 年北平晨报社被宋哲元

接收后，他又再次从事律师事业，并在国民学院兼课。

1937年初，林仲易返闽任私立福建学院院长。全民族抗日战争爆发后，林仲易带领全校师生三次迁校，从闽清到浦城再回闽清，度过了六年艰苦的岁月。1943年，他回到重庆从事律师工作，并投身于民主活动。1945年，由沈钧儒介绍加入中国民主同盟。抗战胜利后，林仲易在南京、上海等地的律师事务所执业，维护工人的利益，被誉为保障人权十律师之一。1949年春，林仲易任《光明日报》社务委员会委员兼总经理。同年9月，他作为自由职业界代表出席中国人民政治协商会议第一届全体会议。中华人民共和国成立后，林仲易任政务院政治法律委员会委员、最高人民法院顾问、《光明日报》总经理。他曾任民盟中央委员、宣传部副部长，第二、三、四、五届全国政协委员。1981年5月11日，林仲易在北京逝世。

（二）法治贡献

林仲易一生奔波于新闻和法律之间，同时积极参加抗日民主运动，崇尚法律和民主。林仲易的学术思想主要体现在他担任《民言日报》和《北平晨报》社总经理兼总编辑期间。林仲易任职《北平晨报》期间，将《北平晨报》及其副刊办成宣传新思想、倡导新文学的园地。1945年，林仲易加入中国民主同盟，倾向中国共产党。在抗日战争胜利后，他积极参加反内战、反独裁的和平民主运动。1946年2月10日，国民党反动派制造震惊中外的校场口事件，镇压人民民主运动，林仲易挺身而出，担任民主人士李公朴等人的代理律师。以上这些壮举，无不体现出林仲易作为共产主义的忠实拥护者，在清晰地认识到当时的国民政府并未真正给国家和社会带来平权时，勇敢地与其进行斗争，以信念作为动力来捍卫人民的权利。同年6月，国民党发动全面内战，周恩来率中共代表团撤离南京，将南京梅园新村和《新华日报》报馆的房产委托民盟代管。此事由林仲易以律师之名登报公告于众，使革命文物得以保存。同时，他致力于维护劳动人民的权利。在当时“大资本”横行的时代，工人与农民的权益并没有办法得到可靠的保护，林仲易将其所学所思应用于实际生活之中，利用律师职业为当时的劳苦大众争取其应有的利益。虽然他并不能够凭一己之力来改变当时的社会格局，但是其为中国的人权发展贡献出了属于自己的一分力量，这种精神至今仍然鼓舞着每一位法律从业者。

（三）人物总结

林仲易将自己的一生贡献给了中国新闻事业和法律事业，他以笔为矛，揭露国民政府统治下社会的诸多不公平，为人民群众发声；他以法为盾，作为律师保护受到国民党反动派欺压的弱势群体；他将法律与新闻传播创新性地结合在一起，以法律作为保障人权的盾，以新闻编辑之职作为传播新文化、新知识的剑，使得民主共和的思想在当时的社会深入人心。

普法小环节 林仲易保障人权和民主的法治思想，对现代法治国家的建设具有指向性的建设作用。“人权”和“法治”是现代文明国家的代名词，《中华人民共和国宪法》（以下简称《宪法》）第二条明确规定了中华人民共和国的一切权力属于人民。人民依照法律规定，通过各种途径和形式，管理国家事务，管理经济和文化事业，管理社会事务。尊重和保障人权已经成为中国法治国家建设的核心价值。

八、民法领域的拓路者——何孝元

（一）人物生平

何孝元（1896—1976），一作何孝沅，字达峰，福州人。1915 年为清华学校预备生，1916 年赴美留学，1917 年获哥伦比亚大学经济学学士学位，1920 年获芝加哥大学法律博士学位。回国后任交通部英文秘书，1923 年任中东铁路地亩处副处长、处长。1931 年到上海从事律师事务，兼任上海法政大学、持志大学、大夏大学教授。1946 年担任国防部法规司司长，后任华中军政长官公署副秘书长。1949 年去台湾后任台湾中兴大学法律系主任，1976 年在台北病逝。著有《民法总则》《民法债篇》《英美侵权行为法概述》等。

（二）法治贡献

法律乃治国之重器，崇法不仅仅要求我们遵守法律、信仰法律，更要求我们做法律的传播者、代言人。当然这法律必须是符合时代要求、符合人民利益的良善之法。在民国时期，我国民法书籍种类繁杂，且大多晦涩难懂。为了解决这一难题，何孝元编著《民法总则》一书，书中共分为7章，分别介绍了权利与义务、人、物、法律行为、期日和期间、消灭时效及权利之行使。全书体系严谨，采用深入浅出的方法对相关概念进行解释说明，并且对一些法律条文进行举例说明，以达到举一反三的效果。

崇法尚德要求不仅仅要尊重法律，而且还需要重视道德的作用，法律的发展离不开与道德的结合。为了更好地说明这一问题，何孝元著《法律思想研究》一书，对法律与道德的结合进行探讨，他提出法律发展的趋势是“法律与道德之重新结合、社会本位思想之日趋发达、衡平法和诚实信用原则的适用扩大”。他认为随着社会的发展，法律与道德的关系将会日益紧密，法律逐渐成为道德的保障，道德逐渐成为法律的延续。此外，道德中的一些基本原则如诚实信用原则将对法律起到很好的补充解释作用，道德和法律的重新结合将会更好地维护社会的稳定，促进社会的发展。

（三）人物总结

何孝元对法律的发展做出了卓越贡献。其一生编著了大量法学书籍，其中《民法总则》一书结构严谨，逻辑清晰，对民法总则的相关问题做了详细的概述，为日后的民法研究提供了方向。

其《诚实信用原则与衡平法》一书详细介绍了诚实信用原则的性质、发展沿革、思想渊源、诚实信用原则与道德的关系、诚实信用原则与衡平法的区别、诚实信用原则在我国民事法上的适用及衡平法在英美法系上的运用。

何孝元不仅在民法的编撰和发展上做出了巨大的贡献，他对民法的独特了解以及通俗易懂的表达，也使得当时的民法发展上升了一个“大台阶”。他巧妙地将法律与道德进行充分结合，使法律更具人性化，使民法离“为民所想”更进了一步。

普法小环节　何孝元主张法与道德进行有机结合，对诚实信用原则保持很高的认同。诚实信用原则是指民事主体在从事民事活动时，应当本着诚实守信的理念，以善意的方式行使权利、履行义务。该原则要求民事主体在民事活动中诚实不欺、恪守信用，并在获取利益的同时充分尊重他人和社会的利益。诚信原则作为民法的“帝王规则”，既是一条守法原则，也是一条司法原则。诚信原则在以下两个方面发挥着作用：第一，它是对当事人进行民事活动时必须具备诚实、善意的内心状态的要求，对当事人进行民事活动起着指导作用；第二，诚信原则是对法官自由裁量权的授予。

九、治学严谨的国际法学家——邵循恪

（一）人物生平

邵循恪（1911—1975），字恭甫，福州人。邵循恪幼年由“四书”启蒙，后于1926年就读于清华学校，与兄邵循正同就学于政治学系。由于经济困难，邵循恪求学期间为《京报》写诗赚取生活费。1930年，邵循恪就读于清华研究院法科政治研究所，并于1933年成为该院首批毕业生，后因成绩优异留美，研究国际关系及国际法，获得芝加哥大学博士学位。邵循恪从芝加哥回国后，先在武汉大学任教。全民族抗日战争时期随武汉大学西迁。1939年，邵循恪受聘于西南联大，任法商学院政治系教授，开设“国际公法判例”等课程，与其他教授一起培养出陈体强、端木正等著名法学家。1940—1941年间，邵循恪在西南联大为研究生开设“国际公法判例”“国际法”“外交研究”“边疆问题”等选修课。在教书育人期间，邵循恪仍为抗战救国不懈奔走，曾任昆明宪政研讨会研究委员会委员，并在《当代评论》周刊撰文讨论时政，多次参与西南联大、昆明广播电台、中国国际同志会等多个组织举办的国际关系问题讲座，发表《第二次世界大战与国际法》《国际和平组织的过去与未来》等演讲。抗日战争结束之后，邵循恪任清华大学法学院政治学系兼法律学系教授。其著述主要有《国际法上的情势变迁主义》《最近欧洲疆界问题》等。

（二）法治贡献

邵循恪于1943年在《当代评论》上发表了《莫斯科会议与四国宣言》，

文中主张世界和平组织需要将普遍原则和区域主义相调剂，将全面合作与局部同盟相结合。关于区域间的国际组织，1919 年《国际联盟盟约》提到“区域协商”，但没有关于区域组织的明确条款。1945 年《联合国宪章》则以专门条款确认了区域组织的法律地位及其同联合国的特殊关系。而国际法层面上，邵循恪在 1943 年就主张在欧洲委员会外应尽早成立太平洋委员会，解决各区域的特殊问题，采取共同行动，维护世界和平。邵循恪的主张将国际法的研究与时局紧密结合，对于当今国际社会关系也有现实价值。

（三）人物总结

邵循恪对国际法做了深入研究，对当时的国际形势和国际问题提出了精准的见解和有效的措施，其对于法律的大局观念，不再局限于国内，而是着眼于世界范围，这对当时的中国人认识世界政治有着开拓性的指导意义。国际关系的处理需要更加谨慎，邵循恪以其缜密的思维为当时的国际法的发展做出了举足轻重的贡献。

普法小环节 邵循恪所具有的以国际社会为法律调整范围的大局观念，是世界法治发展的根本方向。中华优秀传统文化以整体和谐为最大特征，强调“以和邦国”“天下为公”，追求“天下大同”的理想。因此，在对外政策中，中国始终坚持互相尊重主权和领土完整、互不侵犯、互不干涉内政、平等互利、和平共处的五项原则，坚持和平发展道路，坚持互利共赢开放战略，发展同各国的外交关系和经济、文化交流，推动构建人类命运共同体。

十、振兴中国国际法学的导师——王铁崖

（一）人物生平

1. 家学渊源，投身国际法

王铁崖（1913—2003），原名庆纯，号石蒂，福州人。其父王寿昌，

毕业于巴黎大学法律专业，兼修法文。后任汉阳兵工厂总办、总理各国事务衙门章京、福建省交涉司司长，是清末民初福建省知名的翻译家、文人。

王铁崖从小就成长在一个家学氛围浓厚的家庭中，父亲与堂兄的涉外事业对他把国际法作为自己奋斗终生的事业的决定产生了极大的影响。1929 年，王铁崖考入复旦大学西语系，后改入政治系学习。1931 年转入清华大学政治系，1933 年本科毕业，以优异成绩保送进入清华大学研究院，攻读国际法学。1936 年，王铁崖以论述租借地问题的论文通过答辩，获得硕士学位并通过中美庚款留学考试。1937 年赴英国伦敦政治经济学院学习，师从著名的国际法学者劳特派特教授。第一次见面，劳特派特教授大惑不解地问："为什么这么多的中国留学生都希望搞条约研究呢？"24 岁的王铁崖从容答道："中国多年来受不平等条约的压迫，要求废除不平等条约已成为中国人民的共同呼声；中国青年学者研究条约问题，就是为了更好地完成这一历史使命。"教授听了大为动容。

2. 归国执教，结累累硕果

1939 年夏，王铁崖回国前往当时位于四川乐山的武汉大学，开始他的国际法教学生涯。1942 年转赴重庆中央大学执教。在抗战中，他完成并出版了《新约研究》和《战争与条约》两本学术著作，在当时的中国国际法学界确立了自己的一席之地。

抗战胜利后，王铁崖应邀到北京大学任教，他先任政治系主任，后到法律系任教，之后又调任国际关系教研室主任。在此期间，他完成了一部重要的著作《中外旧约章汇编》，收集了自 1689 年《尼布楚条约》到 1949 年间中国同外国所签订的 1182 个条约。该书直到今天仍是研究我国历史、外交史和对外关系的必备参考书之一。

1956 年，王铁崖任北京大学法律系国际法教研室主任。1957—1976 年，王铁崖秉承着对国际法事业的信念和坚持，与陈体强教授合译了《海上国际法》与《奥本海国际法》。

3. 改革开放，振兴国际法

改革开放初期，王铁崖不顾花甲之年，以百倍的精神投入国际法学事业之中，创造了许多个"第一"：1979 年他在北大创立全国第一个国际法专业，招收第一批国际法本科生；1980 年参与创立中国国际法学会；1981 年主编新中国第一本《国际法》教科书；同年，王铁崖被选为国际法研究院副院士，并从 1987 年当选为正式院士；1982 年他招收全国第一位国际法博士生，同年创办了中国第一份国际法学术刊物《中国国际法年刊》；1987 年，他成为世界艺术与科学院院士中第一位中国内地学者；他还是国际常设仲裁法院仲裁员中第一批中国学者。王铁崖的不懈努力令国际法学在中国得到普及与发展，使越来越多的人认识到国际法在国家发展和国际社会关系中的重要作用。

在国际舞台上，王铁崖让世界时隔多年再次见识了中国国际法学家的风采。1990 年，他以“中国与国际法——历史与当代”为题，在海牙国际法学院夏季讲学班学术讲坛上发表演讲。1993 年，加拿大国际法教授麦克唐纳主编出版《王铁崖纪念论文集》，收录了 24 个国家和地区 59 位国际法学界一流学者的纪念论文，这是国际法学界第一次给予中国学者的特殊礼遇。1995 年，联合国纽约总部召开国际公法大会，王铁崖作为大会特邀代表，发表了题为“国际法教学与国际法普遍性”的演说，演讲多次被掌声打断。从他身上，全世界看到了中国国际法学家的风采。

4. 老而弥坚，任职大法官

1997 年 3 月，在 160 多个国家代表参加的前南斯拉夫国际刑事法庭第二届大法官选举大会上，王铁崖以 123 票名列第一，当选前南国际刑事法庭法官。1997 年 11 月 17 日，王铁崖教授正式赴海牙就任，从事上诉庭的工作。2000 年 3 月，王铁崖辞去前南刑庭法官一职。在海牙的两年里，王铁崖在国际刑事法庭的管辖权、证据及程序规则方面做了深入研究，多有建树。[①]

（二）法治贡献

王铁崖终身扎根国际法学，笔耕不辍，著作等身，留下了一批宝贵的学术财富。其研究方向早年主要集中在条约方面，晚年则集中在国际法理论以及改革开放新局势下中国对国际法的应用方面。他的身上，展现出了崇法尚德的精神魅力。

---

① 张慎思：《前南刑庭时期的王铁崖》，《法律与生活》2005 年第 20 期。

1. 对外关系问题

王铁崖在新中国成立前的论著主要集中在国际法与对外关系领域。这是旧中国半殖民地半封建的社会形态所决定的。这一时期，他主要致力于解决不平等条约的问题，发表了《二十一条约的研究》《最惠国条款的解释》《中国铁路问题和门户开放》《中国租借地问题》等文章。王铁崖认为，第一次鸦片战争之后缔结的不平等条约，在中国封建社会解体后，并未被主权国家体系为基础的近代国际秩序代替，中国对外关系适用的不是国际法原则，而是不平等条约。在之后的研究生涯中，他编纂了《中外旧约章汇编》一书，该书分3卷共340余万字，是非常重要的历史汇编材料。在抗战期间，王铁崖主要工作在于探讨中日之间的敌对状态，以及全民族抗战背景下，中国对外关系实际问题，这一时期的文章有《论中立法的前途》《论不承认主义》《敌人封锁我国海岸的性质》等。1942年，由于国际反法西斯同盟的正式形成，中英、中美分别签订新约，取消特权，王铁崖对此发表了一系列研究成果，包括《新约内容之一般的分析》《新约与条约的解释》《中英新约与九龙租借地》等。这些文章最后结集为《新约研究》一书，是研究中英、中美新约的重要著作。

2. 国际法基础理论

国际法基础理论是王铁崖晚年研究的重要方向，他认为国际法的理论状态是现实主义，是以可预见的国际关系作为主要地位，同时遵守法律原则、规则和制度，这是他对整个国际法领域最为根本性的看法。在研究方法上，他认为国际法是对国家关系的规范，研究国际法必须建立在国际关系和国际关系史研究的基础之上。

3. 国际法的中国特色

在改革开放的时代背景下，已经花甲之年的王铁崖将关注的重心转移到了中国重新融入国际社会进程中的法律问题。这些研究综合汇总了他在海牙发表的重要演讲《中国与国际法——历史与当代》，从古代中国国际法讲起，再提及不平等条约对中国对于国际法态度的影响，之后重点阐释了当代中国对于国际法的态度，他认为国际法在中国的完全适用是短暂的，但是国际法对于中国是有用的也是必要的，须考虑到各国不同历史和文化，找出所有国家共同的法律和正义原则。

（三）人物总结

王铁崖的一生是中国国际法不断发展的历史写照，他 72 年的国际法研究与教学生涯，使得国际法在中国从一门新兴法律学科成长为一门繁荣昌盛的学科。他的一生，对国际法研究、教学、翻译乃至实践都做出了极其杰出的贡献。这些成果是他实现早年的人生理想的明证，也印证着几代中国人民对国家富强的梦想的拼搏努力。他是当之无愧的国际法理论家、教育家，是中国国际法学界的一面旗帜，是振兴中国国际法学的杰出导师。

普法小环节 国际法是适用主权国家之间及其他具有国际人格的实体之间的法律规则的总体。国际法又称为国际公法，以区别于国际司法或者法律冲突，后者处理的是不同国家的国内法之间的差异。国际法也与国内法截然不同，国内法是一个国家内部的法律，它调整在其管辖范围内的个人及其他法律实体的行为。国际法分类主要包括条约、国际习惯法和各国承认的一般法律原则。

十一、“20 世纪中国社科方面的奇迹”——陈体强

（一）人物生平

1. 牛津求学写就名著

陈体强（1917—1983），中国著名国际法学家，福州人。陈体强 1939 年毕业于清华大学法学院政治学系，毕业后先在西南联合大学任教，后任重庆国民政府外交部条约司科长。

1944 年，陈体强考取教育部留英公费，入学牛津大学，1945 年开始在英国牛津大学攻读国际法。他以“国际承认”作为研究主题，力图为中国在世界大战后取得合理公正的国际地位而进行知识上的准备。1948 年，他完成博士毕业论文《关于承认的国际法——英国与美国的实践》。在其导师布莱尔雷教授的推动下，陈体强这篇论文最终成为伦敦世界事务研究

所推介的新书并成功出版。该书出版后，在国际法学界受到高度重视，被列为当代国际法必读书之一。[①]陈体强在清华大学的同学、著名史学家何炳棣称此书“穷征博引，体大思精，析理犀利，观点均衡”，“似较剑桥大师劳氏三年前已刊之《国际法中的承认［问题］》有过之而无不及”，“几可目为20世纪中国社科方面的一个‘奇迹’”。[②]

2. 困境研学发挥余热

1948年，陈体强回国，在清华大学法学院政治学系任教。1950年，陈体强任中国人民外交学会编译委员会副主任兼研究部副主任，后曾任该学会常务理事和中国政法学会常务理事兼秘书长。1956年以后，先后在国际关系研究所、国际法研究所和国际问题研究所担任和主持国际法研究工作。1957年后，迫于形势，陈体强几乎中断了国际法研究。

改革开放后，已是花甲之龄的陈体强重燃学术之薪火，1981年起任外交学院教授。1981年任外交部法律顾问。1983年当选全国政协委员，同年8月在世界性的国际法学会英国剑桥会议上被选为该学会的联系会员。陈体强担任了中国第一个国际法学术刊物《中国国际法年刊》主编之一，他还热心于开展中外国际法学界的学术交流，曾被邀往美国、瑞士、英国、加拿大等国讲学，向外界阐明我国的对外政策和我国外交实践对国际法的创造性的贡献。在其生命中的最后几年，他一直在为中国国际法学的发展研究奔走。

（二）法治贡献

陈体强毕生致力于国际法的教学与研究工作，其关于国际法问题的一些论著，具有重要的现实意义。中华人民共和国成立后，他从理论上分析和评论了中国外交实践中的现实国际法问题，发表了关于中华人民共和国在联合国的席位、台湾问题的主权属于中国、中印边境问题、北部湾海域划分问题、湖广铁路债券案等文章，对于中国国际法学的发展做出了巨大的贡献。他的文章深入浅出，摆事实、讲道理，以理服人。其专著《中国

① 王铁崖：《中国大百科全书·法学·陈体强传略》，中国大百科全书出版社1984年版，第45—46页。

② 何炳棣：《读史阅世六十年》，广西师范大学出版社2005年版，第177页。

外交行政》《英国行政法论》和博士论文《关于承认的国际法——英国与美国的实践》、论文集《国家法论文集》以及译著《奥本海国际法》（与王铁崖合译）在中国乃至世界国际法学界得到很高的评价。

后人将陈体强所撰写的40篇文章汇编成《国际法论文集》一书，涵括了现代国际法基本原则、国际法主体、国家领土和边界问题、海洋法、空间法、战争法、国际组织法等方面的文章。此论文集虽然囊括众多国际法学领域，但最大的特点是针对国际上特别是我国外交实践中的一些问题，理论联系实际地进行分析、阐述。中华人民共和国成立以后，在与各国交往中产生了许多国际法问题，而西方国家无论从其学说上还是具体做法上，都企图否定新中国的国际法主体资格，或侵害中国的主权。陈体强的《联合国必须制裁美国侵略中国领土台湾的罪行》《美国政府的信义何在》《联合国无权干涉中国人民解放台湾》《台湾的主权属于中国》《根本不存在的所谓“台湾法律地位问题”》《从国际法论美国向台湾出售武器问题》《中美关系中的若干法律问题》等文章，以不可辩驳的法律根据和事实，从法理上证明台湾是中国领土的一部分。除此之外，他还有《北部湾海域划分问题：从国际法上驳越南方面的谬论》《中印边界问题的法律方面》《湖广铁路债券案与国家主权豁免问题》等文章传世。

（三）人物总结

陈体强为国际法献出了自己的一生年华，他用学术的方式证明中华文明和中国文化的完整性和持续性，他用梳理中国学术的方式为国人确立中华民族将永远自立于世界民族之林的自信和理念。

普法小环节 陈体强所主张的《台湾的主权属于中国》《根本不存在的所谓“台湾法律地位问题”》是毋庸置疑的。从国内法的角度来看，中国宪法明确地写明了台湾是中华人民共和国的神圣领土的一部分；从国际法的角度来看，例如《开罗宣言》和《波茨坦公告》这些历史事实也验证了上述的结论。这些对于现代法治来说，激励着作为中华儿女的我们，为了早日完成祖国的统一大业而不懈奋斗。

第三节　闽都法治精神之二：求是致公

一、刚介不移的骨鲠之臣——王伯大

（一）人物生平

王伯大（？—1253），字幼学，号留耕，南宋时福建长溪赤岸（今宁德霞浦松港街道赤岸村）人。曾任职于福州。

嘉定七年（1214年），王伯大登进士第。嘉定十年，台、衢、婺、饶、信诸州发生重大饥荒，王伯大时知临江军，为赈济灾民，特设立荒政局，聘请有识之士，研讨古今赈济方法，以红、黄、黑、白为标志，划分灾情等级，张榜公布，使百姓都能了解到各地灾情，务求使赈灾工作公开透明、及时公平。当地灾民感恩其德，编成民谣："红黄黑白环，甲乙丙丁户。若非王知军，饿杀人无数。"

端平三年（1236年）入京，授尚书省右郎官，有政绩，升直宝谟阁枢密副都承旨兼左司郎中。王伯大在京城目睹奸佞当道，朝政日非，百姓怨声载道，便向理宗上奏疏文直谏称："今天下大势如江河之决，日趋日下而不可挽。……人主之患莫大乎处危亡而不知，人臣之罪莫大乎知危亡而不言。陛下亲政五年于兹，盛德大业未能著见于天下，而招天下之谤议者何其藉藉而未已也！"他希望理宗"诚能布所失于天下，而不必曲为回护，……务使蠹根悉拔，孽种不留……则天下之谤不攻而自息矣"。理宗采纳了王伯大的"对言"，但又怕触怒朝中权贵，便把王伯大外放至婺州（今浙江金华），任满仍回京任职。后又经历两次降级使用。在担任代理刑部侍郎时，又遭权臣弹劾而罢官。

淳祐三年（1243 年），王伯大复受命督漕于闽。上任后便倡修营田陂，并于次年完工，受益农田千余亩。其同科进士通直郎林甄写了《修赤岸营田陂记》颂其功德。淳祐四年，王伯大奉召至阙，被任命为吏部侍郎兼中书舍人，后又兼侍读、同修《国史实录》，旋又擢任刑部尚书。淳祐七年拜为端明殿学士、签书枢密院事。淳祐八年任参知政事，但同年受监察御史弹劾而罢职。继又被贬，授资政殿学士、知建宁府。到职后，因年老体弱，上书乞请致仕归里。

宝祐元年（1253 年）七月，王伯大逝世。谥“忠文”，葬于霞浦雉溪。

（二）法治贡献

王伯大多次担任地方官，自然也曾多次参与案件的审判，在《名公书判清明集》中有记载。

据载，王伯大曾审判过这样一个案件：曾有一个叫虞艾的人，娶了陈氏，妻家有标拨田一百二十种，作为嫁妆一同出嫁。不幸的是夫妻两人相继早亡，而其父虞县丞却不为他们立后嗣，使得陈佐（陈氏亲属）向地方官陈词。谯运使判令为虞艾夫妇立子嗣。这实际上相当于现代民事案件中的继承问题，而确立继承人在本案中就显得尤为重要。虞县丞商议决定以族中虞升的儿子虞继过继给虞艾作为后嗣，但是虞艾当时尚有一幼子，所以此举不当。尔后虞县丞采取了宠妾的离间计谋，以收养遗弃为名，驱逐了养子虞继，虞继因此而无法回家主持虞艾的丧事，这在判官看来是大不孝。后来虞继得以返回，却不知道此案已经了结。于是虞继愤而连同生父虞升出具陈词，请求判定虞继已经死亡。这可以判定吗？这都是因为虞县丞想要改立虞锥（虞艾子），而不想立虞继造成的。

王伯大在判词最后评价道：“妆合拾遗弃而收养，经营于县据之出给，作伪日拙，虞丞之心亦劳矣！今案牍既齐，足可参照，其切干人亦皆在官，其未出官者，独房长虞季恭与虞丞妾刘氏儿尔。是二人者，已供手状在案，不待唤集，足见是非。虞继既先为虞丞所立，昭穆既顺，且无显过，自无遣逐之理，合照先来经官除附，承绍虞艾香火。刘氏不得妄生事惹词，虞锥不得妄谋搀立。但刘氏乃虞丞之妾，曾为虞丞生子，于虞继合有服纪，父母所爱，犬马亦然，而况于人，父母有过，子孙安可拟议。虞继但当以出继为心，植立虞艾门户，使虞艾箕裘不坠，不可以旧恶为念，与刘氏生隙。欲门示虞锥、虞继，仍帖县备示刘氏知委，非唯虞艾香火有归，亦可以息陈佐不已之词。奉台判照所拟行，见知在人引唤读示讫，各放。”①在最终的审判中，王伯大充分考虑了事理人情，赦免了诸位当事人，并对当事人双方进行调解，最终使当事人和解。

（三）人物总结

王伯大在朝堂上直言不讳、不畏权贵，并且因此多次被罢官免职。晚年归里后，自号“留耕道人”，书写《四留铭》：“留有余，不尽之巧以还造化；留有余，不尽之禄以还朝廷；留有余，不尽之财以还百姓；留有余，不尽之福以还子孙。”短短 44 字便把“富而能贵”的道理表达得淋漓尽致，这种力求节俭、张弛有度的作风，成为其家族能富贵数百年的根本原因。

王伯大在担任地方官期间能够做到任人唯贤，放低姿态聘请有识之士，积极主动地寻求解决民生问题的方法，并主张“垂教于民”，能够虚心向百姓吸取经验，从为官者的身份看来尤为可贵。

不管是居庙堂还是处江湖，王伯大都展现出一个正直为公的官员所应具备的素质，到任时为公为民，归里时两袖清风，实事求是，公而忘私，这不仅是王伯大自己的修养，更是朝廷与百姓之大幸。

普法小环节 根据我国《民法典》继承编第一千一百二十条规定，遗产按照下列顺序继承：（一）第一顺序：配偶、子女、父母；（二）第二顺序：兄弟姐妹、祖父母、外祖父母。继承开始后，由第一顺序继承人继承、第二顺序继承人不继承；没有第一顺序继承人继承的，由第二顺序继承人继承。本编所称子女，包括婚生子女、非婚生子女、养子女和有扶养关系的继子女。上述案件中的虞继是按照当时的规定过继给虞艾作为后嗣，故属于第一顺序中的继承人。在案件中由于虞县丞和刘氏出于私心，将过继的行为废除，不承认虞继为养子之实，违反了相关规定，理应

① 中国社会科学院历史研究所宋辽金元史研究室点校：《名公书判清明集》，中华书局 1987 年版，第 249 页。

由虞继和虞锥二人对遗产进行平等的分配。王伯大在面对此种家庭继承矛盾的案件时，所做出的判词不仅依照当时的律法规定进行了阐明说理，更是站在了双方当事人的角度，说明了冲突之处，并且也希望能够通过调解的方式而并非生硬的司法审判来解决纠纷。此举也完全契合《民法典》第一千一百三十二条的规定，继承人应当本着互谅互让、和睦团结的精神，协商处理继承问题。遗产分割的时间、办法和份额，由继承人协商确定；协商不成的，可以由人民调解委员会调解或者向人民法院提起诉讼。

二、马克思主义的传播者——林可彝

（一）人物生平

林可彝（1893—1928），福州罗源人。他 6 岁在家自学，7 岁入私塾读书。1913 年考进福建法政专门学校，在先辈林长民等民主思想的启迪下，早早地对民主革命有了大致的认识。1916 年毕业后东渡日本，在日本学习先进的文化和技术。1917 年 8 月考入早稻田大学后又转到明治大学进修。在日本期间，他发表了《日人捣乱东亚和平论》一文，旨在谴责日本侵略中国、破坏东亚和平的阴谋。1920 年从日本回国，入北平平民大学任教，积极从事马克思主义的研究与宣传。任教期间，他在《自治周刊》发表了《国家社会主义与省自治》一文，对社会主义进行详细探讨，并对自治省的设置提出了一些构想，揭露了封建军阀的反动本质。他还和杜田库等人成立了马克思主义研究会，通过发表《唯物论与唯物史观》《最后一个感觉》《劳工法成立之后》等文章向世人宣传马克思主义原理。[①]1923 年前往苏联莫斯科东方大学学习，并加入中国共产党。在苏联期间，他翻译了《先驱者》一书，并发表了《俄罗斯的农民》一文。1925 年因国内革命工作需要而回国，到北平的朝阳、平民、文化等大学任教。在回乡探亲时向乡亲宣传革命道理，发展教育。1927 年汪精卫发动七一五政变，对共产党人和革命群众进行大屠杀，林可彝不畏强权，坚定不移地带领学生进行英勇斗争，不幸被捕，于 1928 年 1 月 4 日英勇就义，时年 35 岁。

① 阮象澄：《林可彝烈士年谱》，《罗源党史通讯》1987 年第 8 期。

（二）法治贡献

林可彝作为民国时期的爱国主义人士，对当时宪法的不足之处有着深刻的理解，并对宪法的改正提出了自己的看法。他认为："天坛宪法（注：即《天坛宪法草案》，因于北京天坛祈年殿起草而得此名。完成于1913年10月31日）第三章人民权利各节，有所增加。固然该章内所列举的各种人民自由权、财产权，都是欧美近百年来发达的根本要素。可惜其所列举的，只是偏于政治基本权，而对所谓经济基本权，毫未规定……究竟经济的基本权，是什么东西？简单说来，不外三种：劳动全酬权，生存权，劳动权。劳动全酬权，是在共产主义下的国家行的……生存权的大意，谓人类既然生在社会，都应该有维持生命的必要需用。劳动权则指有劳动能力的人，国家应该给以劳动机会。"[①] 林可彝从中国国情的实际出发，提出的改正措施符合广大人民的利益需求，适应当时社会发展的步伐。虽然天坛宪法对人民的权利做了规定，这无疑是社会进步的标志，但由于种种原因，该权利仅仅偏向于政治方面，而对那些与广大人民生活息息相关的权利毫无规定。因此他认为在天坛宪法中加入经济基本权实属必要。此外，他还从实际出发，对道德与生存权的关系进行了探讨："'道德'二字，从伦理学考察，是为支持人生的手段，而不为人生的属性。因此我觉得道德的解释，应该为正当、安乐、低价值的生存。不得有充分的生存权，就没有保持充分道德的机缘，也就没有充分负担道德上的责任。反道德而处以刑罚一定要对于有道德性的人，对于没有道德性的人，加以刑罚，是不大应该的。"[②] 林可彝认为要想对人民谈道德，首先需要确保人们的基本生存权得到保障，只有在生存权得以保证的前提下才能用道德来约束他人，若在人民生存权得不到基本保障的情况下，此时用道德来约束人们则毫无意义。生存权是一切人类活动的前提，一旦丧失生存权，则其他活动与权利都无存在必要。

（三）人物总结

林可彝，作为一名民主革命的先驱者，带领学生进行英勇的革命斗

① 林可彝：《天坛宪法应该怎么样改正》，《东方杂志》1922年第21期。

② 林可彝：《劫盗应该枪毙吗？！》，《自治周刊》31号。

争，并且经常在报纸上发表文章，猛烈抨击反动派的所作所为。同时，他对经济基本权利的论证和探讨为后世的研究提供了详细的资料和明确的方向。

作为中国共产党早期的马克思主义传播者，他在系统地学习和研究马克思主义的基础上，结合中国的实际，写下了许多颇有见地的时论，宣传和介绍了马克思主义的一些基本原理，为马克思主义在中国的传播做出了一定的贡献。

普法小环节 林可彝对宪法中公民基本权利的主张精神，在我国《民法典》对公民民事权利的规定中得以体现。《民法典》确认并建立了内容全面、体系周延、层次清晰的民事权利体系，创造性地将人格权作为独立一编进行规定，强化了对个人生命、身体、健康等各项人身权益的保护，有力地维护了个人的人身安全。未来，我们不仅要主张保障私权，而且也要注重规范公权，这样才能为实现全面依法治国打下坚实的基础。

三、满肚“洋学问” 满腔爱国情——龚钺

（一）人物生平

龚钺（1902—1997），字骏礼，号寅生，出生于苏州，幼年居住于福州。主修中文，曾入经学会学习。1918 年在上海圣约翰大学读中学及大学文科。1923 年回福州专修法文。1924 年在巴黎政治专门学校外交科、海牙国际法学院、巴黎大学法科学习，时任驻西班牙使馆随员。1929 年在巴黎大学博士班、哥伦诺布尔大学学习，获得法学博士学位。其间任驻巴黎总领事馆副领事、领事、总领事，海牙国际法庭文书，中华法学会法制组专门委员。1935 年回国后，在国民政府外交部工作。1938 年任上海法政学院教授，天津育德大学法学院院长、教授，天津律师会会员，租界清理委员会顾问。1946 年东渡日本，任驻日代表团专门委员、法律处处长。1949 年任东京律师会会员、律师。1953 年回国。1954 年在南京市文物保管委员会工作。1955 年被推荐为江苏省政协委员、法制组组长。1981 年参加筹建江苏省法学会工作，任筹委副主任，被选为江苏省法学会理事、

常务理事、副会长。1986 年任江苏省法学会顾问。

著有《欧美各国现行宪法析要》《比较法学概要》《西耶士的宪法理论》等书；撰有《国际法的渊源与发展》《建议制订行政诉讼法》等文章；并翻译了法文版的《蒙古帝国史》。

（二）法治贡献

1.《欧美各国现行宪法析要》

该书于 1938 年 7 月由商务印书馆出版。全书共分三部分，前篇和后篇主要对欧洲、美洲的 48 个国家当时施行的宪法加以提要介绍，其中欧洲有 26 个国家、美洲有 22 个国家，每国一篇，大体上先叙述历史背景，再叙述元首、内阁、国会及宪法的其他内容，附篇为奥地利（书中为“奥地利亚”）宪法。该书虽然是对资料的罗列，但是这样比较 48 个国家宪法的研究方法，不仅在当时，即使是在现在也是十分难得。龚钺怀揣一颗炽热的爱国之心，凭借着自己的留学背景与西方法学知识，为民国时期宪法建设提供必要的参考，至今仍具有极高的史料价值。

2.《比较法学概要》

真正近代意义上的比较法律研究是从清末沈家本主持修订法律时开始的，他提出了广泛研究外国法律的方针，翻译外国法律，并派人出国考察。民国时期比较法律研究进一步发展，但并未发展成法学的一门学科。龚钺矢志要为学界填补这一研究空白，遂著《比较法学概要》一书。该书共八篇，含法学概念、法律概念、国家与立法、人、权利与义务、行为、司法组织、国际法律冲突问题等。书中用比较法的方法逐一解释法律的基本概念、原理及世界通行的制度，以及与法律有关的国家与立法、司法等规范关系。该书基于比较法视野阐释法学的基本理论、基本概念、基本体系和基本运作，属于“法学通论”。龚钺在法学理论方面的观点，在当时的社会背景下，系一种超越时代意义的学理观点。该观点即便是在今日，仍旧有着重要的学理价值与借鉴意义。

3. 关于司法独立

关于司法独立，龚钺指出：“司法职务本含技术性质，执行司法者须有特殊知识、经验与品格。是以司法组织之具有独立性质，不仅理论使然，其职务之特殊，亦有以致之。”他认为，司法机关在用法的时候必须做到独立、不偏不倚，司法官的地位也不能仰人鼻息、受人指挥，这种公平正义的理念是每个法律人都应具备的。

4. 关于加强法制建设

龚钺曾担任江苏省法学会副会长，他极力主张要加强法制建设宣传工作。党的十一届三中全会之前，许多人认为法律是可怕的，是“不可避免的灾难”。为了使法制建设重新回到正常轨道，重拾法律的威信，他在江苏省法学会筹备会上指出要珍惜党的十一届三中全会以来党中央重视强调社会主义法制建设的时机，广泛进行法制宣传。“要推广法学教育。我们要把法纪作为一种常识，不只是法律系要学，大专院校，甚至中学也要有法律这门课”。[①] 他指出：“法律是实现党的政策的最有效和最可靠的工具之一”，“政策和法律都是在党的领导之下制定的，两者不应该有矛盾”，“不能把法律和政策对立起来，而不执行法律。”[②]

（三）人物总结

龚钺对各派学说、各国制度、各地实践了解十分深入，并且在比较的基础上辨明法律，透析本质，探求真义，将复杂的道理讲述得通俗易懂。

在对宪法、国际法等公法的学习研究过程中，他提出了许多具有建设性的见解，例如其在权利本位与义务本位的探求上，理性分析并且提出看法，这为当时法学问题的研究奠定了良好的发展基础；他对于法制建设所提出的司法独立观点也具有前瞻性的意义，虽然该理论是来源于西方资本主义国家，但是在当时的司法体制中，对审判的司法公正也具有积极的促进意义。

1982 年，针对日本教育部（文部省）篡改历史教科书，除去“侵略”字眼，龚钺曾在江苏省法学会座谈会上作了以“加强民主与法制的建设”为题的发言，指出：“出现篡改日本侵华历史的事件，不是偶然的。现在日本有一小撮人正在蠢蠢欲动，妄图复活日本军国主义。对此我们应该警惕。”

① 龚钺：《广泛地进行法制宣传》，《江苏社会科学》1982 年第 1 期。

② 龚钺：《加强民主与法制的建设——国际法专家、省法学会副会长龚钺同志的发言》，《江苏社会科学》1982 年第 10 期。

龚钺满肚“洋学问”，怀揣着对祖国的满腔热爱，终生都在践行学术报国理想。

普法小环节 “司法独立”对于我国的社会主义法治建设具有重大的借鉴意义，但“司法独立”与“确保依法独立公正行使审判权检察权”具有本质上的不同，不加区分地将二者混为一谈会遗祸于我国法治建设的社会主义方向。二者之间不仅赖以建立的政权属性不同，而且所代表的阶级利益也有所不同，在中国特色社会主义法治建设过程中，审判独立思想，是社会主义法治理论的重要组成部分，应该坚持予以发扬。

四、卓越的刑法学家——韩美秀

（一）人物生平

韩美秀（1932—），福州人，著名刑法学家。1949 年参加人民解放军，在部队任文化教员。1953 年考取中国人民大学法律系。1957 年毕业后先后在安徽省高级人民法院、安徽医科大学、安徽大学工作，兼任中国法学会刑法学研究会第一、第二、第三届干事，安徽省法学会刑法学研究会第一届总干事及第二、第三届副总干事。多次获得安徽医科大学先进工作者、安徽大学女先进工作者称号及教学优秀二等奖、教学优秀奖等褒奖。著有《刑法理论与实践探讨》一书，主编安徽省函授教材《刑法学》，并且参编由高铭暄为主编、马克昌为副主编的高等学校法学教学大纲《刑法学教学大纲》、高等教育自学考试指定教材《刑法学》及《刑法学》新编本。

（二）法治贡献

韩美秀作为我国著名的刑法学家，其在刑法领域成就斐然，为我国刑法事业的发展做出了杰出贡献。

1. 提出民族自治地方刑法需要变通或补充立法

韩美秀认为：“历史经验表明，在我们这样统一的多民族国家里，制定适应于少数民族族情的单行法，是非常必要的。”[①] 此外，她认为民族自治地方刑法只有满足“遵循宪法、刑法等法律的基本原则的法制原则，根据当地民族的政治、经济、文化特点的求实原则，以刑法理论为指导的理性原则，贯彻‘两少一宽’政策的从宽原则”[②]，才能符合我国国情，才能符合少数民族的实际情况，才能推动我国刑法有序发展。

2. 完善我国刑法中的假释制度

假释制度作为一项刑法制度，在预防惩治犯罪上发挥着重要作用，但由于我国假释制度立法不足，缺乏科学性，该制度未在我国发挥应有的作用。韩美秀认为，完善我国假释制度需要从以下几点出发：首先，需要完善假释的适用条件，将假释对象进行层次化划分，进行区别对待，并且对“特殊情况”进一步解释，充实“特殊情况”的解释以便司法适用。其次，完善假释监督措施，建立专门的假释监督机构并规定假释罪犯应当遵守的行为以及建立保证人、保证金制度。最后，完善假释撤销条件，韩美秀认为原来的假释撤销条件存在严宽不当的弊端，此弊端可以通过规定“应当撤销”和“可以撤销”两种不同的条件来弥补。唯有这样才能提高假释使用率，发挥该制度的真正作用。经过几十年的法律实践，韩美秀有关假释制度的论断和建议被证明是完全正确的。

3. 限制死刑

我国虽然在很长时间内无法全面废除死刑，但仍有必要对死刑进行一系列的限制。韩美秀认为可以从立法完善限制死刑、司法控制死刑适用、利用死缓制度限制死刑这三个方面来限制死刑。其中立法完善限制死刑包括缩减死刑的适用对象、充实死缓制度、完善死刑的罪名立法等，司法控制死刑适用则是利用法定刑的可选择性和概括性来进行控制，利用死缓制度则需要“严格把握‘应当判处死刑’的标准和全面考察‘不是必须立即执行’的案情”[③]。韩美秀的这些论断对今天关于死刑的研究有重要的借鉴意义。

除了以上主要观点外，韩美秀还提出了其他观点，如宽严相济的刑事

① 韩美秀，王楠高：《民族自治地方刑法变通或补充立法探究》，《法学评论》2001 年第 5 期。

② 韩美秀，王楠高：《民族自治地方刑法变通或补充立法探究》，《法学评论》2001 年第 5 期。

③ 韩美秀，李德贵：《论我国死刑制度的立法完善》，载高铭暄主编《刑法修改建议文集》，中国人民大学出版社 1997 年版，第 318—329 页。

政策、罪名立法的完善、立功制度的完善等，这些观点对我国刑法的发展都起到了一定的推动作用。

（三）人物总结

韩美秀作为我国著名的刑法学家，她的许多学术思想对我国刑法的发展都有指导意义。她提出的“民族自治地方刑法需要变通或补充立法”，不仅对解决少数民族犯罪问题有重要作用，在一定程度上还丰富了我国刑法的范畴；她提出的“从完善假释适用条件、完善假释监督措施、完善假释撤销条件这三方面来完善假释制度”的论断，大大提高了假释的适用率，有利于在司法实践中充分发挥假释制度的真正作用；她提出的从“立法完善限制死刑、司法控制死刑适用、利用死缓制度限制死刑”这三个方面来限制死刑的建议，对如今死刑的适用、立法和司法指导都具有一定的借鉴价值；她的其他学术思想，如罪名立法的完善、立功制度的完善等观点，对如今的刑法研究仍具有一定的指导意义。

普法小环节 假释是对被判处有期徒刑、无期徒刑的犯罪分子，在执行一定刑期之后，因其遵守监规，接受教育和改造，患有严重疾病或确有悔改表现，不致再危害社会，而附条件地将其予以提前释放的制度，是一种刑罚执行方式。《中华人民共和国刑法》第八十一条规定，被判处有期徒刑的犯罪分子，执行原判刑期二分之一以上，被判处无期徒刑的犯罪分子，实际执行十三年以上，如果认真遵守监规，接受教育改造，确有悔改表现，没有再犯罪的危险的，可以假释。如果有特殊情况，经最高人民法院核准，可以不受上述执行刑期的限制。累犯以及因故意杀人、强奸、抢劫、绑架、放火、爆炸、投放危险物质或者有组织的暴力性犯罪被判处十年以上有期徒刑、无期徒刑的犯罪分子，不得假释。对犯罪分子决定假释时，应当考虑其假释后对所居住社区的影响。

第四节 闽都法治精神之三：践行法治

一、开眼看世界、依法禁烟的民族英雄——林则徐

（一）人物生平

林则徐（1785—1850），字元抚，又字少穆、石麟，晚号俟村老人、俟村退叟、七十二峰退叟、瓶泉居士、栎社散人等，福州人。他是清代政治家、思想家和诗人，曾任湖广总督、陕甘总督和云贵总督，两次受命钦差大臣。

嘉庆九年（1804 年），林则徐中举。嘉庆十一年赴厦门任海防同知书记，专责处理商贩洋船来往、米粮兵饷的文书记录。次年为福建巡抚张师诚招入幕府。张师诚对典章大政等政治学问均有所知，他将自己公事上的学问一一传授给林则徐。

嘉庆十六年，林则徐中进士，选庶吉士。嘉庆十九年加入宣南诗社，与龚自珍、魏源、黄爵滋等共同提倡经世致用之学。后历任编修、协修等职，两度外放江西、云南乡试考官。

嘉庆二十五年起，先后外任浙江杭嘉湖道盐运使、江苏按察使、江宁布政使。任上整顿盐务、兴办河工、筹划海运，采用劝平粜、禁囤积、放赈济贫等措施救灾抚民。

道光三年（1823 年）正月初七日，林则徐任江苏按察使，在任期间澄清江苏吏治，改革审判程序，亲自裁决案件。短短 4 个月内，就把江苏的积压案件处理了十之八九。

道光十年任湖北布政使，翌年春调任河南布政使，后升任河东河道总督。道光十二年二月调任江苏巡抚，曾奉命驱逐在吴淞口外刺探情报的英国胡夏米商船，又协助两江总督陶澍，采取许多利国便民的经济改革措施。江苏旱涝灾情严重，他不顾朝廷斥责，上奏历陈民间困苦，坚请缓征受灾州县漕赋；致力兴修水利工程，疏浚白茆、刘河等河道。为克服银荒和利于货币流通，他提出自铸银币的主张。这是中国近代币制改革的先声。

道光十七年升任湖广总督。次年，时逢鸿胪寺卿黄爵滋上疏主张以死罪严惩吸食鸦片者，林则徐坚决拥护黄爵滋的主张，提出六条具体的禁烟方案，并率先在湖广实施，成绩卓著。同年十一月被任命为钦差大臣，赴广州禁烟。

道光十九年正月到达广州。他会同两广总督邓廷桢等传讯十三行洋商，令外国烟贩限期交出鸦片。他曾在禁烟活动中严正声明："若鸦片一日未绝，本大臣一日不回，誓与此事相始终，断无中止之理。"林则徐采取撤买办工役、封锁商馆等措施，挫败英国驻华商务监督义律和烟贩的狡赖，收缴英国趸船上的全部鸦片。

道光二十年六月，鸦片战争开始后，英军进攻粤闽没有得逞，改攻浙江，陷定海，再北侵大沽。道光帝惊恐求和，归咎林则徐在广东"办理不善"，屡次下旨斥责。九月，林则徐被革职，留粤备查问。

道光二十一年五月一日，林则徐又接到圣旨：降为四品卿衔，速赴浙江镇海听候谕旨。到镇海后，林则徐积极参与当地的海防建设事宜，力图"戴罪立功"。但不久又被奕山诬陷。六月二十八日，道光皇帝下旨，革去林则徐"四品卿衔"，发配新疆伊犁。

道光二十五年被重新起用署陕甘总督，次年转任陕西巡抚。道光二十七年升云贵总督。道光二十九年因病辞职归籍。道光三十年九月奉旨为钦差大臣，赴广西镇压农民起义。十月抱病启程，十一月二十二日病逝于潮州普宁县（今广东普宁北）行馆。死后清廷晋赠其太子太傅，照总督例赐恤，历任一切处分悉行开复，谥"文忠"。

（二）法治贡献

1. 开眼看世界

清中后期，由于闭关锁国政策积弊已久，中国的航海业和商品经济一直顿足不前，同时此政策也助长了清廷官员顽固死守、安于现状的盲目自大心理，仍认为“天朝君临万国”。

在这一时期，林则徐主动探求新知，他明白，要挽救颓势的清王朝，首先要做的便是正视现实、了解西方，改变“沿海文武大员并不谙诸夷情，震于英吉利之名，而实不知来历”的情况。在开眼看世界之后，他才深刻地认识到想要在和西方工业文明的角力中不被击垮，唯有“学”西方。因此，他率先提出“师夷长技以制夷”，鼓励学习西方的科技，为尚处在封闭之中的其他官员敲响警钟。

为了对外交涉的需要，林则徐命人迅速编译了《各国律例》，这标志着西方国际法著作开始正式传入中国，也标志着近代国际法正式在我国用于对外交涉，成为中国近代国际法学研究的开端。

事实上，早在禁烟期间，林则徐就已经发觉禁烟活动必须有合乎情理的指导方针，而当时西方世界通行的法律恰好可以起到很好的引导作用。于是，林则徐开始主动学习各国法律，安排专人翻译国外法律著作，并通过印制、学堂教育等方式广为传播。在禁烟期间，林则徐主动求教美国传教士，了解各国法律中关于战争、封锁、禁运等内容相关的条文，以求寻找禁烟活动的法律依据。同时他接受手下译员袁德辉的建议，请专人统编了《各国律例》一书，尽管该书摘译内容过少，且语焉不详，未能形成体系，但它让林则徐正式认识并逐步掌握了国际法，并能以之作为外交战场上的利器，在与外国人的交涉中有法可依。

2. 依法禁烟

林则徐引入、学习国际法的初衷在于在禁烟活动中更有利地与外国人交涉，所以林则徐的禁烟行为也更能体现国际法的精神。他曾亲自拟写《谕各国夷人呈缴烟土稿》：“从前天朝例禁尚宽，各口犹可偷漏。今大皇帝闻而震怒，必尽除之而后已。所有内地民人贩鸦片、开烟馆者，立即正法，吸食者亦议死罪。尔等来至天朝地方，即应与内地民人同遵法度。”

他把禁烟行为上升到国家主权的层面，认为外国商人来到中国，就必须遵守中国的法度，而没有任何的特权；中国皇帝下令禁止走私鸦片也是本国做出的决策，是天经地义的事情。林则徐从一个主权国家的角度出发，认为鸦片贩子的所作所为乃是走私毒品的犯罪行为，从国际公约的角度讲，也是违背世界和平稳定的，应当通过法律手段加以制裁。

林则徐禁烟过程中，近代国际法所起到的作用极为显著，不仅仅为林则徐和外国鸦片商的交涉提供理论凭依，为中国禁烟行动提供合理的法律依据，同时能够从主权国家立场出发，捍卫国家主权，对于当时情境下妥善处理外交关系起到了积极作用。

（三）人物总结

林则徐从政40年，足迹遍布13省，是地主阶级改革派的重要代表人物。在同外国侵略者作斗争时，他并没有盲目地采取全盘排外的策略，而是做到取舍有度、兼容并包，师夷长技以制夷。他主张禁止非法的鸦片走私，但也鼓励发展正常的进出口贸易。他的远见卓识，当之无愧“开眼看世界第一人”。

林则徐作为中国近代反抗西方殖民主义的民族英雄，不论是鸦片战争前的禁烟运动，还是战争期间的反侵略斗争，都向世界证明了中华民族反对外来侵略的坚定决心和英勇不屈的英雄气概。

普法小环节 虎门销烟是家喻户晓的历史事件，不论是当时的鸦片，还是现如今的海洛因、甲基苯丙胺、麻古，都严重地摧残着吸毒者的身心健康。我国《刑法》对毒品犯罪采取严惩不贷的态度。《刑法》第三百四十七条规定：走私、贩卖、运输、制造毒品，无论数量多少，都应当追究刑事责任，予以刑事处罚。同时还规定了一系列的罪名，如：走私、贩卖、运输、制造毒品罪，非法持有毒品罪，包庇毒品犯罪分子罪，窝藏、转移、隐瞒毒品、毒赃罪，走私制毒物品罪，非法买卖制毒物品罪，非法种植毒品原植物罪，非法买卖、运输、携带、持有毒品原植物种子、幼苗罪，引诱、教唆、欺骗他人吸毒罪，强迫他人吸毒罪，容留他人吸毒罪，等等。在日常生活中，我们应提高警惕，避免让毒品犯罪分子有机可乘。

二、启蒙思想家——严复

（一）人物生平

严复（1854—1921），谱名传初，乳名体乾；进入福州船政学堂学习后改名宗光，字又陵；登仕籍后改名复，字几道，晚号愈壄老人，侯官阳岐（今属福州仓山）人。严复出身于中医世家。他幼年由父亲启蒙，7 岁入私塾就读。1866 年春季，严复娶王氏为妻，七八月，福州流行霍乱，其父因救治病人不慎被传染而去世。迫于生计，严复学馆中辍，放弃走科举“正途”。1867 年，严复以第一名的成绩考进福州船政局，学习驾驶。

经过 5 年的理论学习，严复以最优等的大考成绩毕业，先后被派往“建威”“扬武”两舰实习 5 年，曾游历渤海湾各港口、黄海、香港地区、新加坡、日本的长崎等地。1872 年取得选用道员资格。1877 年 3 月赴英国学习，成为历史上首批由官方派赴欧洲的留学生之一。抵达伦敦后，严复先进入朴次茅斯大学预科，后转入格林威治海军学院。1879 年回国后，被聘为福州船政学堂任教习。1880 年到天津任由李鸿章创办的北洋水师学堂总教习。1889 年报捐同知衔，以知府选用，派为北洋水师学堂会办。1890 年升为北洋水师学堂总办，但因与李鸿章不合，有意退出海军界另谋发展。1895 年中日甲午战争后在天津《直报》发表《论世变之亟》《原强》《辟韩》《救亡决论》等文，抨击封建君主专制制度，主张变法维新、武装抗击外来侵略。1896 年在天津创办我国最早的俄文馆，并任总办，培养俄语外交人才；帮助张元济在北京创办通艺学堂，资助梁启超与汪康年在上海创办《时务报》。1897 年和王修植、夏曾佑等在天津创办《国闻报》和《国闻汇编》，宣传变法维新；将《天演论》在《国闻报》上连续发表。1898 年 9 月 4 日，严复受到了光绪皇帝的召见，被询问办理海军学堂和办报事宜。义和团运动爆发后，严复离开天津，避居上海；参加唐才常发起的“国会”，被选为副会长；创办名学会，讲演名学。1902 年赴北京任京师大学堂附设译书局总办。1904 年春，严复辞去总办一职，回到上海。年底，发生开平矿业局诉讼事件，严复被邀前往英国伦敦负责起草诉词，翻译公文。1905 年，孙中山由美洲到达英国，特意去拜访严复，严复谈及中国政治改革应从教育问题入手的看法。1906 年 3 月被安徽巡抚恩铭聘任安徽师范学堂监督，11 月任复旦公学校长，为该校第二任校长。1909 年在北京任学部审订名词馆总纂，负责各类图书出版的审核。1909 年 5 月被派充为宪政编查馆二等咨议官、福建省顾问官。1910 年被海军部授为协都统，后任资政院议员。1912 年京师大学堂更名为北京大学，任首任校长；11 月辞去校长职务。民国初，严复以社会名流的身份步入政坛，于 1913 年初担任总统府顾问，1914 年初任约法会议会员，1914 年 5 月任参政院参政，1915 年 4 月任宪法起草委员等。在北洋政府发动“尊孔复古”时，发起组织北京孔教会。1915年，袁世凯企图复辟帝制，8月，原立宪党人、参政院参政杨度在袁氏父子的授意下，组织“筹安会”，严复被列为六位发起人之一，对此，严复以拒绝参加“筹安会”的任何活动来表明心迹。1916 年 3 月洪宪帝制覆灭后，严复退出政界，将主要精力用于评点《庄子》。1920 年初冬定居福州。

（二）法治贡献

作为第一批留学生之一，英国的自由法治思想对严复产生了重要的影响。1895 年，严复发表了《论世变之亟》等一系列文章表达自己的宪政思想。1898—1911 年，严复相继翻译了《原富》《社会通诠》《法意》等著作，并加上了自己的按语，宣传西方自由、民主、法治观念。严复在《法意》第一卷按语谈论法与理的关系时说：“孟氏意谓，一切法皆成于自然，独人道有自为之法。然法之立也，必以理为之原。先有是非，而后有法，非法立而后以离合见是非也。”他认为世界上所有事物都有“理”，而后才有“出于万物自然之理”的“自然法”的存在。严复的思想就是基于自然法理论而建立的。

1. 自由为体，民主为用

西方近代资产阶级人权思想最重要的内容是由洛克提出的天赋人权学说。严复对比了当时中国社会和西方启蒙运动时期的社会状况，通过翻译将人权思想带到中国。

严复根据自己的观察和研究，将西方资产阶级政治法律制度归纳为“以自由为体，以民主为用”，即民主是自由的外部表现形式，自由才是民主政治的内在本质。在此基础上，他得出“自由是西方近代法律观的核心”的结论。严复用“自由”作为参照系，来反观中西文化之间的差异。正是怀着一颗开放的探索之心，他学习国人视为洪水猛兽的“奇技淫巧”，得出结论：要使国家富强，必须要保障人民的自由，“是故富强者，不外利民之政也，而必自民之能自利始，能自利自能自由始”。

关于如何保障民众的自由，严复没有屈从于人治下对皇权的绝对信仰，而是积极响应西方世界的自由主义思潮，指出国家应当建立法律制度保障公民的自由，即国家对个人自由的干涉，必须要划定一个界限。他指出：“国法之所加，必在其人所实行者”，“为思想，为言论，皆非刑章所当治之域。思想言论，修己者之所严也，而非治人者所当问也。问则其治沦于专制，而国民之自由无所矣。”该观点为当时弊病丛生的落后刑法指明了改革方向。而其关于思想、言论自由的主张，对文字狱空前绝后的清王朝乃至整个两千多年钳制人民思想的封建专制社会来说，无疑具有非常重要的进步意义。

尽管严复深受西方文化的影响，但他所主张的自由与西方国家所倡导的天赋人权下个人的最大自由不同。他指出：“自由者，唯个人之所欲为。管理者个人必屈其所欲为，以为社会之公益，所谓舍己为群是也。是故自由诚最高之幸福。但人既入群，而欲享幸福之实，所谓使最多数人民得最大幸福者，其物须与治理并施。纯乎治理而无自由，其社会无从发达；即纯自由而无治理，其社会且不得安居。”严复所强调的自由是宪政制度下不伤害社会群体利益的自由，他将这种自由翻译为“小己自由”，这种自由是典型的中西融合的产物。他说：“特观我国今处之形，则小己自由，尚非所急，而所以祛异族之侵横，求有立于天地之间，斯真刻不容缓之事。故所急者乃国群自由，非小己自由也。求国群之自由，非合通国之群策群力不可。”他认为，在当时积贫积弱的中国，国家自由显然具有最高的紧迫性，这反映出他坚持开放包容进而为我所用的学习态度。

2. 提出分权理论的现实架构

严复在《法意》的按语中，更多地讨论了专制与民主的问题。他说：“恃其欲为不仁而不可得也，权在我者也。使彼而能吾仁，即亦可以吾不仁，权在彼者也。在我者，自由之民也；在彼者，所胜之民也。必在我，无在彼，此之谓民权。”他认为，只要权力掌握在君主手中，人民的自由就无法得到保证。他同意孟德斯鸠将政体分为共和政体、君主政体和专制政体三种。在这三种政体中，他极力反对君主专制，他认为，专制之君，“怒则作威，喜则作福，所以见一国之人，生死吉凶，悉由吾意”。他推崇“君民共治”的君主立宪制度，“君民共治的君主立宪制度是最完美的制度”。“五洲治制，不出二端，君主、民主是已。君主之国权，由一而散于万。民主之国权，由万而汇于一。民主有二：别用其平等，则为庶建，真民主也；用其贵贵贤贤，则曰贤政。要之，是二者于亚洲皆不少概见者也”。“盖立宪之国，虽有朝进夕退之官吏，而亦有国存与存之主人，主人非他，民权是已。民权非他，即以为此全局之画，长久之计者耳”。他通过对比中西方的政治制度，指出中国封建社会专制根源在于“自天子至于守宰，皆以一身而兼刑、宪、政三权者也”，要想改变现状就要勇于打破延续千年的传统，然而有“破”还需有“立”，效仿西方实行分权制度就是最佳途径。

分权学说最早是由洛克提出的行政、立法两权分立，后来又被孟德斯鸠发展阐释为行政、立法、司法三权分立原则，三权之间相互制约又相互联系。严复主张立法权和行政权必须分离，提出要设立议院，制定法律，通过“设议院于京师”分上下两院，而“法令始于下院，是民各奉其所自主之约，而非率上之制也；宰相以下，皆由一国所推择。是官者，民之所设以厘百工，而非徒以尊奉仰戴者也”。此外，由阁部行使执法权，只有立法权与行政权分离，才有可能从根本上消除专制，可见他的改革之法带有明显的西方色彩。但是，他也指出：“动欲国家之立议院，此无论吾民之智不足以兴之也。就令能之，而议院由国家立者，未见其为真议院也。”他认为当时中国民智不足，若照搬西方政体容易适得其反，在没有“设议院于京师”的条件下，中国社会亟待“开民智”。在司法权和行政权方面，严复指出中国自古以来是一个人治社会，行政长官同时也兼任司法长官，容易产生司法腐败等弊端。严复提倡将司法与行政相分离，他指出“立宪之法司，谓之无上法庭。裁断曲直，从不受行法权之牵掣”，“所谓三权分立，而刑权之法庭”也即司法权应处于“无上”的地位。“法官裁判曲直时，非国中他权所得侵官而已”。他建议法官独立审理案件，其他权力者不得干涉，有助于防止在专制制度之下由于官吏“一身而兼刑、宪、政三权”产生的弊端，实现公平正义。除此之外，为了司法权独立公正行使，严复还主张完善相应配套机制，如效仿西方建立现代的诉讼制度等，同时还需要用人得当，需要选拔一批公正、依法办事的法官。凡此种种，无不体现其敏锐的眼界。他不遗余力地著书翻译，积极接受先进文化，为“万马齐喑”的旧中国带来冲破惨淡愁云的力量。

此外，严复认为，在封建专制制度之下，“民本无平等观念”[①]，主张要建立平等观念，以平等激活中国民众推动中国经济发展。但是严复所主张的平等并不是卢梭所强调的天赋人权的平等，因为人与人之间是有差别的，所以他认为平等的起源应该是法律所规定的，反映出其兼容并包并非毫无条件，而是立足国情，这也是中国当时的时代特点。

（三）人物总结

严复是中国近代向西方国家探索救国救亡真理的先进中国人之一，他眼界开阔、善于学习，系统地将西方社会学、政治学、哲学、政治经济学、自然科学等方面的知识介绍到中国，“给中国人带来了一种全新的资产阶级世界观，使中国近代向西方寻求真理的历程进入了一个新的、比较深入的阶段”[②]，在当时社会起到了重要的思想启蒙作用。严复立足于本国的国情，积极引入西方法律制度，传播先进的法治理念，积极倡导民权，反对专制，提倡自由，反对君主专制，提倡君主立宪、分权制衡等。此外，他提倡法律制度的修改应从实际出发，在吸收西方法律文化的同时注重理性思考，筛选符合本国国情的先进制度，有选择有变通地应用，而非简单照搬。严复翻译的著作为近代中国资产阶级革命提供了强大的思想武器，做出了重大贡献。

普法小环节 严复所提及的自然法学派是指以昭示着宇宙和谐秩序的自然法为正义的标准，坚持正义的绝对性，相信真正体现正义的是在人

---

① ［英］洛克著，叶启芳、瞿菊农译：《政府论》（下篇），商务印书馆 1997 年版，第 79—98 页。

② 郑云山，赵世培，徐和雍，汪林茂：《中国近代名人小传》，浙江人民出版社 1983 年版，第 229 页。

类制订的协议与国家制订的法律之外的、存在于人的内心中的自然法，而非由人们的协议产生的规则本身的法学学派。自然法学派又可分为古典自然法学派和新自然法学派，它们的产生和发展都是适应当时社会发展需要的。在西方，每次社会大变革，自然法学总是作为一面旗帜，主导着社会法律发展的大方向。例如，私有财产不可侵犯、法无明文不为罪、人身自由不可侵犯、人民主权、权力分立等思想，都发端于自然法学的理念。

三、中国法律语言体系的开拓者——王我臧

（一）人物生平

王我臧，侯官人。曾留学日本早稻田大学，是商务印书馆编译所职员。归国后曾任朝阳学院民法学教员、朝阳学院教务主任。

他独立翻译或参与翻译、汇编了《新译日本法规大全》（1907）、《大清新法令（1901—1911）》、《议员必携》（小原新三，1908）、《日本议会纪事全编》（与蔡文森合译，1909）、《经济学各论》（监谷廉、坂口直马著，1910）等著作。

（二）法治贡献

王我臧参与翻译的《新译日本法规大全》于1907年由上海商务印书馆出版。它是一部汉译日本当时所有法律规范的作品。全书按照行政官厅顺序划分为25类，涵盖了宪法、行政法、刑法、监狱法、刑事诉讼法、民法、民事诉讼法、商法、出版法、著作权法、商标法、专利法、矿产资源与环境保护法等部门法律规范，收录法律、法规、敕令、规章等近3000件，这些规范是日本明治维新时期“殖产兴业”政策的立法反映，也成为中国清末相关立法的蓝本。其参与汇编的《大清新法令（1901—1911）》将“新政”十年生效的法律法规按照类别汇编，将湮没于浩繁奏章中的成文法公之于众。

王我臧在婚姻法研究方面颇有建树，其在《婚姻沿革谈》提到：“婚姻为亲族关系根本，在法律上占重要地位，且自有人类之始即有之。故研

究其沿革不独有价值，亦殊有兴味也。”[1] 在该文中，他主要浅述了“掠夺婚”与“买卖婚”，在他看来，掠夺婚主要存在于希腊斯巴达，因为婚姻以掠夺行之的观念是斯巴达的习俗。而买卖婚则比较普遍，埃及、罗马、巴比伦等国均存在买卖婚姻的习俗。他通过对掠夺婚和买卖婚的陈述，使我们对婚姻的沿革有了一定的认识，这对日后婚姻法的研究具有一定的借鉴意义。

（三）人物总结

王我臧作为我国杰出的翻译家，其参加翻译或独自翻译的诸多著作都为我国法律词语的输入、形成及法律译名的统一奠定了基础，可以说是我国法律语言体系的开拓者。

同时，王我臧在青少年和婚姻演变关系领域的研究也为我们现在的教育和婚姻法研究起到了尤为重要的基础科普性作用。

普法小环节 《民法典》中，婚姻家庭编受到广泛的关注，《民法典》婚姻家庭编总体上与旧婚姻法相比并无过多差别，总体上旧婚姻法内容整体被继承，小规模地做一些符合当下社会趋势的改进与调整。当前社会离婚率居高不下，因为一时冲动的离婚也不在少数，因此《民法典》的离婚冷静期有利于当今高离婚率问题的缓解。此外，人们对于婚姻背叛者的厌恶也被写入了法律，对于不忠诚的一方、有所隐瞒的一方、有过错的一方将给予制裁。总之，每一部法律的制定与修改，都是中国法治进步的具体表现，在公众对于我国和谐社会和公正法治愈发渴望的当下，《民法典》婚姻家庭编的出现无疑是一次创新进取之举。

四、爱国律师——刘崇佑

（一）人物生平

刘崇佑（1871—1941），字厚诚，号崧生，福州人，世居福州宫巷，

① 王我臧：《婚姻沿革谈》，《东方杂志》1908 年第 11 期。

是民国时期著名的爱国大律师、进步人士。1894 年乡试中举；1905—1908 年于日本早稻田大学学习法律科，求学时曾译织田万的《法学通论》，这是我国早年著名的法学入门读本之一。1908 年毕业后获选福建谘议局议员，并当选副议长，积极参与推动立宪。1911 年与林长民等人创办福建私立法政学堂，担任维持委员会会长（相当于董事长），开福建省近代化高等政法教育之先河。

1911 年福建脱离清廷统治而独立，刘崇佑曾任民政次长。1912 年又获选为代表福建的临时参议院议员，前往北京。1913 年当选为第一届国会众议院议员，并为中华民国宪法起草委员会委员。曾与梁启超、汤化龙、蒲殿俊、孙洪伊、林长民等组成进步党，致力于推广议会政治。但后因袁世凯废国会，于是在北京、天津地区成为专职律师，其充满传奇色彩的律师生涯就此揭开序幕。

1914 年，刘崇佑与黄远庸因承办当时影响甚大的前清老尚书陈璧蒙冤之命案而声名大起。1916 年袁世凯称帝的闹剧落幕，刘崇佑遂复任众议院。同年与汤化龙、蒲殿俊在北京创办《晨钟报》，报道国内外要闻，介绍西方思潮，并表达民意，监督政府。1918 年《晨钟报》因揭发国务总理段祺瑞以铁路为抵押向日本借款的行为而被查封。同年，汤化龙在加拿大被国民政府特务暗杀，刘崇佑悲愤之余再创《晨报》，宣扬民主法治、爱国思想，同时该报也是共产主义思想萌芽的温床和传播的渠道。

（二）法治贡献

1. 刘崇佑的革命事业

在清末动乱时期，刘崇佑赴日留学，不仅学习了日本的法律知识，还对其政治体制有了深入研究，形成了自己的政治理念。回国后，他参加了一系列政治活动，对中国的救亡图存运动和民主革命的发展产生了重大而深远的影响。

（1）清末参加宪友会

刘崇佑归国后当选福建谘议局副议长，多次参加请愿陈情活动。1911 年，刘崇佑、林长民、高登鲤等进步人士在北京成立宪友会福建支部。宪友会的组成人员为温和的立宪派人士，以“发展民权，完成宪政”为目的，主张中国应实行君主立宪的责任内阁制。然而，随着清廷对立宪派人士的欺骗，立宪派对清廷愈发失望和疏远。随着武昌起义的爆发，宪友会终止。

（2）创建进步政党

北京政府时期，刘崇佑和汤化龙等人创立进步党、民宪党，其中进步党与国民党、共和党在议员中形成三足鼎立之势，刘崇佑也担任第一届国民会议的众议院议员。后来为了抵制袁世凯对民主共和的破坏，刘崇佑、林长民等宪法起草委员会的成员开始着手起草宪法，进步党又与统一党、共和党合并成立民宪党。

宪法起草委员会于天坛内办公，于是后世称之为“天坛宪草”。刘崇佑等人在起草宪法过程中顶住了袁世凯的压力，根据宪政精神，结合中国国情，起草了一部在当时来看非常先进的宪法草案。虽然最后遭到袁世凯的破坏，但是其作为民主革命中的一次重大的宪政尝试，宣扬了宪政精神，为袁世凯称帝失败埋下了伏笔。

2. 刘崇佑的传奇律师生涯

刘崇佑是民国时期声名远扬的大律师，“律师应仗人间义”是他的行为准则，因此他积极为蒙受政治迫害的爱国人士提供政治辩护，堪称民国抗辩政府第一人。

（1）为五四运动学生辩护

五四运动中，受北洋军阀安福系操纵，部分被收买的学生组织学生集会试图阻止蔡元培复任，此事遭到了鲁士毅等两百余同学的坚决抵制。鲁士毅等人被指控“拘禁同学、严刑拷问”，有关学生被当局逮捕，北洋政府欲借此报复陷害大学生，杀一儆百。刘崇佑毅然为大学生辩护，出具了一篇具有时代意义的辩护词。该篇辩护词高屋建瓴、着眼全局，并把学生运动和当时政治形势结合起来，加之引用法理、言辞犀利，驳斥北洋政府对外软弱无能，对内颠倒黑白，威吓学生。当时各家报纸均刊载，被广为传颂。

其中一段开场白最为经典：“本案事实最为明了。当时学生，在市街演讲，专为外交紧要，欲以唤醒民众，并无他意。无论如何，其居心、其宗旨，应为全国人民所共谅，日本对我交涉，威迫利诱，无所不至。山东事件，前途危急，人人知之。然今日徒剩此在学青年之子弟奔走呼号，垂涕而道，而全国之为父兄者安在？此极可痛可愧者也。闻有一派议论，以为学潮屡起，非予严惩，则将横决愈甚。试思学潮从何而来？学生所求者唯一外交问题，政府果与民意一致，而思有以安辑之则明示方针。一令之布，群情即可立释，何事以刑罚示威？且刑罚又岂独供政府示威之物？此论不当，自不待言。”在刘崇佑的出色辩护下，北洋政府不得不让步，部分学生被释放，其余也尽皆轻判。北大学生感激刘崇佑所作努力，送其银杯以示存念。

（2）为周恩来等进步学生辩护

1919年11月，日本军国主义在福州残害学生，举国震惊，史称“台江事件”，周恩来、张若名等学生向北洋政府请愿抗议日本暴行，反遭军警殴打逮捕，造成“一二九惨案”。刘崇佑再一次决定为学生义务辩护，他不辞辛劳，几次赶到天津，到狱中向周恩来等人了解情况，并帮助和指导学生们如何进行讼诉。

开庭当日，刘崇佑在法庭上义正词严地指出：“爱国救国本是合乎公理民意之壮举，根本说不上触犯刑律。如果政府认为触犯了小日本的刑律，那我们就不得而知了。”法官顿时哑口无言。最后北洋政府不得不对周恩来等人仅判两个月监禁。

（3）为救国会七君子辩护

救国会是诸多爱国进步人士为了抗日救国成立的社团，号召国民党停止内战，联合一切力量一致抗日，国民党政府对此极为不满，便逮捕了沈钧儒等七人。检方以“危害民国为目的组织团体，并宣扬与三民主义不相容之主义”提起控告。年过六旬的刘崇佑加入了多达二十一位义务为七君子辩护的律师团队中，并写了两万多字的辩护词，表现最为积极。他在庭审中激动地说道：“国家到了今天的地步，老实说，做中国人，有哪一个不要救国？救国，是一种义务，同时也是一种神圣的权利。谁敢侵犯这种权利？”在场者闻之无不动容。除了刘崇佑等人的律师团外，全国爱国人士皆竭力营救七君子，宋庆龄更是亲自到法院抗议。后来国民政府迫于压力，不得不允许七人保释出狱，最终于1939年撤销此案。

（三）人物总结

刘崇佑秉持正义与爱国的理想，不畏强权，协助弱势，为遭受政治迫害的人向政府抗辩；不拘泥于一党一派的利益，以国家利益为重，以法治和公平为轴，奋起抗争。刘崇佑对政治体制理念深入的研究，对中国的救亡图存运动和民主革命的发展产生了重大而深远的影响。同时，在刘崇佑的积极推动下，私立政法学堂开化风气、开启民智，传播民主科学的思想，对中国社会、政治产生了深远的影响，极大地推动了中国社会的进步，福州及福建的现代化法治文化就此萌芽并茁壮成长。

普法小环节　刘崇佑的经典辩词“爱国救国本是合乎公理民意之壮举，根本说不上触犯刑律”，让人深切体会到了法律与社会道德伦理的关系。道德是人们心中的法律，法律是成文的道德。法律与道德相互促进与融合的成熟形态，即表现为法律信仰与法治观念，亦即形成法律至上的规则意识，形成守法光荣、违法可耻的社会氛围。法治成功的内在标志，是法律被民众所普遍尊重和信仰，而不是畏惧、忌惮法的强制力，即通过润物细无声的方式，于日常社会生活之中增强法治的道德底蕴，引导并赢得人心。

五、近代司法主权的捍卫者——梁敬錞

（一）人物生平

梁敬錞（1892—1984），字和卿，改字和钧，别号南楼主人，福州人。他是著名的近代史学家、法学家。

梁敬錞 1917 年毕业于北京大学法科，后赴英国伦敦大学攻读经济学硕士。1920 年回国，历任司法部参事，北京大学、朝阳大学教授，修订法律馆总纂，国民政府最高法院推事，宁夏高等法院院长，上海所得税局局长。1948 年应聘美国哥伦比亚大学客座教授，圣若望大学亚洲中心研究教授。1965 年到台湾。1984 年病逝于台北。他对中国近现代史研究卓有成

就，著有《在华领事裁判权论》《史迪威事件》《马歇尔使华报告书笺注》《欧战全史》《九一八事变史述》等。

（二）法治贡献

梁敬錞民国时期先后在司法部门、财政部门任职，之后又致力于史学。在经济法方面，梁敬錞最大的贡献在于确立和改制关税制度。他早早地认识到关税作为国境税，对一国对外贸易之兴盛息息相关，运用得宜，既可以增加政府财政收入，又能保护国内产业的发展，促进国民经济的进步。在国际法领域，梁敬錞对于领事裁判权深恶痛绝，甚至认为它根本不应该存在："领事裁判权之不容存在，时至今日，殊不必为学理上之推究，或事实上之考证，始能寻其撤废之根据。"① 他认为领事裁判权实为一种依靠不平等条约的缔结而形成的非法特权，严重干涉了中国的司法主权，违背了国家之间权利对等的国际法准则。因此，他为收回法权做了诸多努力，他以日本、土耳其等国为例，论述废弃领事裁判权的可能性，为近代中国收回法权的工作提供了宝贵的学术指引。

（三）人物总结

梁敬錞的多重从政经历，使得他对于税收尤其是关税制度、国际合作、领事裁判权等问题都能一针见血地提出独到的见解，对于近代时期的中国关税改革和司法主权的回收起到了重要的指导作用。

普法小环节 领事裁判权亦称治外法权，指的是一国公民在侨居国成为民事、刑事诉讼被告时，该国领事具有的按照本国法律予以审判、定罪的权力。在中国近代，西方列强强迫清廷签订不平等条约而获得了这项特权。第一次世界大战后，苏联、德国、奥地利、匈牙利、比利时、墨西哥先后放弃了在华领事裁判权。1929 年，中国政府曾宣布从 1930 年起废除所有国家在中国的领事裁判权，但因帝国主义国家的抵制而未能实现。第二次世界大战期间及战后，通过一系列条约，中国恢复了对在中国境内的美国、英国、挪威、巴西、加拿大、瑞典、荷兰、瑞士、法国、丹麦、

① 梁敬錞：《收回法权刍议》，《晨报》周年增刊 1925 年第 7 期。

意大利、葡萄牙等国国民的司法管辖权。中华人民共和国成立后，中国人民终于彻底摆脱了包括领事裁判权在内的帝国主义的一切特权的羁绊，象征着我国掌握了真正的司法主权。

六、中国现代法医学的奠基人——林几

（一）人物生平

林几（1897—1951），福州人。他的父亲林志钧（1878—1960）曾留学日本东京帝国大学学习法政，回国后任北洋政府司法部司长参事兼北京大学教授，后转任清华研究院教授，受梁启超后人委托编纂《饮冰室合集》。中华人民共和国成立后，林志钧曾任中国佛教协会第一、二届理事会理事，国务院参事。林几的弟弟林庚是北京大学教授，著名文学家。

林几的舅舅梁敬錞是近代著名史学家和法学家。长辈们严谨治学的态度，为林几以后从事法医研究打下了扎实的基础。

1915 年，林几东渡日本，进入日本东京帝国大学学习法政。1917 年，林几因参加爱国游行而失去在日本继续攻读法政的资格，不得不离开日本，回到北京。这使得林几与法律事业彻底无缘。

1918 年，林几考入北平医学专门学校（北京大学医学院前身），毕业后，他结合自己在日本的法学学习经历，深感中国现在正是法医学形成时期，但其时的中国法医学“鲜有专才”。强烈的爱国心和使命感激励着林几，于是他选择了法医学作为毕业志愿，同时留校任病理学助教。1924 年，林几由校方派往德国维尔茨堡大学医学院学习两年，专攻法医学，后又在柏林大学医学院法医研究所深造两年。1928 年毕业，获医学博士学位后回国，受国立北平大学医学院之聘，筹建法医教研室，并任该室主任教授。1932 年，受司法行政部委托，他到上海筹建法医学研究所，任所长。林几始终把培养法医人才作为自己的头等重要使命，自 1922 年留校任教以来，虽曾多次借调、聘任到卫生部、司法行政部工作，但每次不久就辞职返校任教。[①] 他从医学院毕业生中招收法医学研究生进行培养，同时还

① 黄瑞亭：《中国现代法医学奠基人——林几》，《闽都文化》2014 年第 5 期。

受理全国各级法院送检的有关法医检验、鉴定案件，并创办了《法医月刊》。1935 年，林几重返国立北平大学医学院，任法医学教研室主任教授。

1937 年七七事变后，林几跟随国立北平大学迁到西安，任西北联合大学医学院教授。1939 年，林几受邀到重庆任中央卫生署成员，开办第一期高级司法检验员培训班。1940 年受聘于国立中央大学医学院，同年 9 月，中央大学法医科成立。在抗战期间，林几满怀爱国热情，拒绝为日伪服务，先后远赴西北、西南执教。对于这段经历，他在战后撰文《二十年来法医学之进步》中数次提及日本对华战争给中国带来的灾难，并提出法医学如何在战后修复创伤中发挥作用。① 抗战胜利后，林几随中央大学迁回南京。1947 年继续举办第二期高级司法检验员培训班，学制两年。1948 年，中央大学医学院建立了法医研究所，林几兼任所长。

中华人民共和国成立后，中央大学医学院改为第五军医大学（现空军军医大学前身），林几被聘为卫生教材编审委员会法医学科组主任，编审法医学教材，并受卫生部委托继续举办两期两年制高级法医检验人员培训班，为我国培养了第一批法医检验人才。培训班成员结业后，被分配到全国各大医学院，成为新中国医学院校的第一批法医学师资。由于长年日夜操劳，林几的身体健康遭到极大破坏，不幸于 1951 年 11 月溘然长逝，年仅 54 岁。林几在遗嘱中提出捐赠遗体作为他对法医学界最后的贡献。捐赠遗体在当时是件惊天动地的大事，林几用这样伟大的方式走完了他为中国法医学事业奋斗的一生。

（二）法治贡献

林几的学术论著主要集中于法医学，不仅有法医学本身，还包括法医学应用、法医学教育、法医学学科历史等方面，如《医师用简明法医学》《法官用法医学讲义》《犯罪侦察学》《犯罪心理学》等。林几的毕生研究成果，便是他的遗作《实验法医学》一书。林几的学术思想可以总结为以下几点：第一，因地制宜，根据实际情况研究中国法医学。第二，提倡大法医学的学术思想。第三，认为法医学是国家应用医学。第四，扬弃、吸

① 黄瑞亭：《林几教授日本侵华时期坚持法医学教育》，《中国法医学杂志》2015 年第 5 期。

收中国古代法医学的成果。第五，提出法医学是实验科学。[①]

林几在1924年发表的《司法改良与法医学之关系》中指出："要像这样仵作的刑事检查，当着这科学万能时代，怎么能够得到外人的信任呢？……在司法界上如不彻底的改良，无论哪一方面尽管粉饰十分文明的模样，而其法律的施行，既无真确鉴定为根据，难道能算得尽善了么？那要命的箍子——领事裁判权，又何日能收得回来呢？"[②]在该文中，林几直指当时司法医学鉴定仍然尊崇经验而不引进先进医学理论的问题，他还结合领事裁判权的问题指出如果连法医领域都不能改良，西方人如何信服我国法庭科学水平，法医学的落后很可能就成为帝国主义拒绝放弃领事裁判权的借口。

此外，林几在民国时期还有一些论文传世：《法医学四种小实验》写于1932年，在该文中，林几从实验出发分别记录了四种法医实验，第一个实验是昆虫发育在尸体经过的时间鉴定之研究。一般验尸中，对尸体死亡时间的判断主要是以尸斑、尸体僵硬、腐败程度等尸体本身变化现象作为依据，但受环境温度、死者死因、死者体质等多方面影响，可能会导致误判。因此，林几写道："唯昆虫发育，由产卵、孵化、幼虫、作蛹乃至变为成虫……其发育顺序，决不为尸体腐败所影响，且亦与其他环境罕有关系。所以对死时之鉴定，诚具有相当价值。"第二个实验是紫外线装置在法医学上应用之研究。林几在平时实验时利用紫外线观察检材，总结得出了一些心得，主要是精斑、白肥皂、丝织品等检材在紫外线上的不同反射效果。第三个实验是对《洗冤集录》验毒方法的驳正。第四个实验是关于人工尸蜡，林几借此实验观察尸蜡的成因，得出了"即尸蜡之形成确由于尸脂石碱化也"的结论。[③]

《骨质血瘾之价值及紫外线光下之现象》写于1934年，主要是鉴别尸体上骨伤（或骨折）是死者生前受的伤还是死后挖掘尸骨时导致的。当时国际上已有重伤及骨则骨上可有血痕附着的观点。林几在此基础上进一步研究生前怎样的伤会导致血痕，同时以此区分生前重伤与死后血水下坠导

① 黄瑞亭：《百年之功——纪念林几教授诞辰110周年》，《中国法医学杂志》2007年第2期。
② 林几：《司法改良与法医学之关系》，《晨报》1924年增刊。
③ 林几：《法医学四种小实验》，《国立北平大学医学年刊》1932年第1期。

致的骨上血痕，认为需要伤到骨质的重伤才会导致血瘾，是水洗、刀刮不能去的，而死后血水下坠导致的骨上血痕则可以水洗刮掉。林几指出："凡骨折部带有伤瘾者，即为生前伤。无者，则为死后伤。"[①]

在《蛔虫之寄生经过及其子虫经过宿主体内脏器之病理所见》一文中，林几介绍蛔虫在宿主体内的发育经过、防治等等，最后提醒大家加强对蛔虫的防治。《检验烟犯意见》写于1934年，主要介绍如何检验嫌疑人是否吸食鸦片。当时检验方法为验尿，这种方法并不是不够优良，只是鸦片中的罂粟酸和吗啡进入人体后2个小时内比较容易检测到，之后剩余部分会储存在肝、肾等内脏中，这部分罂粟酸和吗啡经泌尿系统排出需要一定时间，而且排出时间由于各人体质不一样差别很大。因此林几认为两个小时以内最为敏锐，之后可以使用长时间禁闭隔离的方法多次测试。以上几篇文章体现了林几立足实验、从实践检验认识真理性的学术态度，这种理论联系实际、以实验为本的思想一直贯穿在他的学术研究生涯中。

林几曾主讲过一门"洗冤录驳议"课程，对《洗冤集录》进行科学阐释。《洗冤集录》中记载验毒可以用银针，银针变黑，用皂水擦洗不去证明有毒。在《检验洗冤录银钗验毒方法不切实用意见书》一文中，林几通过试验证明，让银变黑是因为银与硫化物接触产生硫化银。而硫化物在胃肠消化蛋白质时与尸体腐败时都可以产生，因此并非只有毒可以使银针变黑，用银针验毒的方法是错误的。他认为："总之，用银钗探入尸体口腔、肛门验毒一法，实不可用，因使银钗变黑者，并非砒酸铅等毒质之作用，乃富于蛋白质之腐败物发生硫化水素之作用。所以，中毒者验时银钗亦可不变为黑，非中毒者验时银钗亦可变之为黑，如此结果，岂堪再为法律定狱之凭证耶，故应行严禁，不得再行援用……以后法医验毒事件，以送至本所或各大学化学科药科为最妥。"[②]这体现出了林几充分吸收、扬弃了中国古代法医学的成果，站在前人的肩膀上，以现代法医学理论对有中国特色的法医学体系进行构建。

在《漫谈社会医学及实施社会卫生应与法令的联系》一文中，主要介

① 林几：《骨质血瘾之价值及紫外线光下之现象》，《法医月刊》1934年第6期。

② 林几：《检验洗冤录银钗验毒方法不切实用意见书》，《法医月刊》1934年第5期。

绍了社会公共卫生设施要满足法律的规定，两者要配套。林几举了 4 个例子阐述这个观点：第一，刑法中规定精神病犯罪后要到特定场所给予监护治疗，但是当时疯人院和精神病院的设置数量不够执行刑法的这个规定。第二，刑法中规定吸食鸦片的要进戒毒所治疗，因此卫生部门要普遍设立戒烟处所与检验毒物质的机构。第三，刑法规定酗酒的人刑罚执行完毕要进行戒酒治疗，因此要在检验酒精设备、精神病院及医师的栽培上有所发展。第四，刑法规定得花柳病故意传染给其他人的要进行强制治疗，因此必须积极推进建立大药厂、医院。[①] 这体现了林几“大法医学”的学术思想，法医学不能被桎梏在法医鉴定中，而是要与社会建设相结合，要能够推动社会生活的发展。

（三）人物总结

林几一生致力于法医事业，手足胼胝，夙夜在公，走过了中国法医现代化的筚路蓝缕。他是一名当之无愧的法医学家、教育家，是公认的中国现代法医学奠基人。

普法小环节 《洗冤集录》，法医著作，又名《洗冤录》《宋提刑洗冤集录》，南宋宋慈著，成于淳祐七年（1247 年）。全书由检验总说、验伤、验尸、辨伤、检骨等 53 项内容组成，对犯罪、犯罪侦查、保辜等有关断案、法吏检验格式程序等亦详加论述。该书内容丰富，见解精湛，虽间有论析欠当之处，但绝大部分内容源于实践经验，是中国较早、较完整的法医学专书。该书问世后，“官司检验奉为金科玉律”，“入官佐幕无不肄习”。凡“士君子学古入官，听讼决狱，皆奉《洗冤集录》为圭臬”。后世诸法医著作多以该书为蓝本，或加注释，或予以增补，曾先后译成荷兰、英、法、德等国文字。

① 林几：《漫谈社会医学及实施社会卫生应与法令的联系》，《社会卫生》1945 年第 4—5 期。

七、学贯政法　见解独到——萨孟武

（一）人物简介

萨孟武（1897—1984），原名萨本炎，字孟武，福州人。1912 年进入私立福建法政专门学校附中。1913 年前往日本东京帝国大学法学部政治系，主修政治学，同时还学习了法律、经济等课程。1924 年学成回到上海，主编《孤军》杂志。1927 年加入国民党，曾到国民党总政治部负责宣传工作，任编辑科科长。1928 年任中央陆军军官学校（中央军校）教官兼编辑部主任，上校衔。1930 年在南京中央政治学校行政系任专职教授。1932 年与杨公达、梅思平等人一起创办了《时代公论》杂志。1937 年全民族抗战爆发，萨孟武随政治学校迁芷江，再迁重庆。1946—1948 年赴广州担任中山大学法学院院长。1949 年后到台湾，曾任台湾大学法学院院长。1950 年创办《社会科学论丛》。1955 年创办法科研究所并任所长。主要作品有《〈红楼梦〉与中国旧家庭》《〈西游记〉与中国古代政治》《〈水浒传〉与中国社会》《中国社会政治史》《中国政治思想史》《西洋政治思想史》等。

（二）法治贡献

1. 中央与地方——集权与自治

在国家结构设计上，萨孟武主张实行中央集权制。一方面，中国自秦朝大一统以来，两千多年的中央集权观念根深蒂固；另一方面，自清末以来，军阀割据，国家呈现出碎片化趋势，各军阀各自为政，互相博弈。中国急需一个强有力的中央集权的政府来对社会进行整治，以维护社会稳定。这体现出萨孟武的思想深深扎根于中国的现实状况。在改进国家结构方面，他主张，第一，要限制省级地方长官的权力。第二，裁撤“道”一级行政机关，在中央集权之外，萨孟武还主张地方自治。他提出要用民团代替雇佣兵，用民会代替官僚。县级自治是萨孟武将制度设计中的具体国情与西方的民主化、法制化潮流结合起来的成果，在国家动荡的年代为推动宪政的实施提供了一条新思路。

2. **权能分立，权责一致**

在国家与人民的关系上，萨孟武认为，人民是国家的主人，政权应该属于人民，政府代表人民治理国家，五权宪法的目的在于人民与政府权能分明，人民有权，政府有能。

萨孟武在《评宪法草案所规定中央政府组织》一文中，对吴经熊起草的宪法草案就行政院和总统的关系提出意见。在吴经熊起草的宪法中规定了总统就行政院所辖之事项，与行政院院长，对于国民大会连带负责，"行政院院长、副院长由总统提交国民政府任命"等，实际上是将总统当作行政上的实际领袖，行政院院长则属于总统的属僚。但是在草案第98条规定行政会议由行政院院长与各部部长、各委员会委员长组成，会议时以行政院院长为主席。萨孟武指出总统无权参加行政院会议、决定行政院所辖的重要事项，但是又要对行政院的事务负连带责任，这是无稽之谈。他主张总统应当参与行政事项的决定，主张采用"总统御前会议"之类的形式。

在萨孟武看来，中国社会的法制化需要适当的集权，此观念迥异于西方国家。立法权在五权宪法中规定为治权之一，所以立法机关也是政府的机关，基于此，立法机关和行政机关就要站在同一立场，制定良好的法律，供政府施行。[①]这种独特的政治观点也是其思想中西结合、兼容并包的一个重要体现。

3. **法律与实际情况的关系**

萨孟武表示，法律不是理想的成果，而应当是事实的体现。法律应当随着社会进步而进步。他指出："中国的法律到了现在，还不脱'翻译'时代。翻译是愈新愈好的，所以中国立法家也只知翻译世界各国最新的法律，至于该法律的内容是否适合于中国情形，有没有实行的可能性，则完全不顾。"[②]对于法律，他认为既要有崇高的理想，又要照顾到现实国情，学者在释法时应当要权衡好理想与现实的关系，促进法律更好地实施。萨孟武没有被"西学"的潮流所裹胁，能在借鉴时有所取舍、为我所用，足见其思想的独立和深度。

---

① 全武：《学者言政：萨孟武民主宪政观研究》，中共中央党校硕士学位论文，2010年。

② 萨孟武：《宪法问题》，《时代公报》1933年第52期。

此外，萨孟武主张将“平均地权”和“节制资本”原则写入宪法，实行“经济的立宪主义”。他说：“人民希望把基本的经济权利，登在宪法上，受其保障者，无异于十八世纪的人民要求把基本的政治权利，登在宪法上。”[1] 他认为法律是“社会势力的表现”，要用民生主义，造成经济上的平等，打破旧有的势力关系，那样法律便会自然而然地变化。[2] 由此可见，萨孟武的思想不再局限于西方资产阶级的观念，还具有了马克思主义色彩。

（三）人物总结

萨孟武是我国著名的政治学家，他的著作涉猎广泛，包含政治学、法学、历史学等方面，其学术成果主要集中于政治史与政治学、比较宪法等方面。他治学严谨，学问精湛，在教学中一丝不苟，始终保持着自身在科研领域的独立思考和探索欲望。萨孟武立志于推进国家法制观念的启蒙与发展，为当时国家的法制化做出了重大贡献。

普法小环节　萨孟武所主张的自治制度在我国当前也有所运用，主要体现为民族群众自治制度与基层群众自治制度。民族群众自治制度是指在国家统一领导下，各少数民族聚居的地方实行区域自治，设立自治机关，行使自治权的制度。民族区域自治制度是我国的基本政治制度之一，是建设中国特色社会主义政治的重要内容。基层群众自治制度是指依照宪法和法律，由居民（村民）选举的成员组成居民（村民）委员会，实行自我管理、自我教育、自我服务、自我监督的一种制度。

八、学贯中西的法学大家——林振镛

（一）人物生平

林振镛（1906—？），福州人。1926 年毕业于中国公学商科。1927 年

① 萨孟武：《由三权宪法到五权宪法》，《新生命》1930 年第 8 期。
② 吴灏：《萨孟武早期思想研究》，清华大学硕士学位论文，2015 年。

获东吴大学法学学士学位，后在纽约大学攻读法学博士。1935 年获取法学博士学位，其博士论文为《中国司法机构》。毕业后曾在国民政府中央政治会议行政法规委员会、美国纽约领事馆任职，并且担任南京报馆编辑主任。全民族抗日战争时期在重庆中央大学担任教授一职。

（二）法治贡献

林振镛为我国法律事业发展做出了卓越贡献。针对当时的国民大会，林振镛发表了《聚讼中之国大问题平议》一文，对国民大会的性质、国民大会代表的选举方法、国民委员会职责等问题进行说明，尤其是对少数民族代表的选举和职权提出了自己独到的见解，这些论断为我国的人民代表大会制度提供了蓝图和实施方法。此外，为了使民众能够了解《保险法》和《违警罚法》，他先后编著了《新保险法释义》和《新违警罚法释义》二书，其中的《新保险法释义》一书共分为上下两编，上编主要对保险法的概念、保险契约之性质、保险的种类及组织、保险法的意义等作了详细的论证；下编则针对保险法逐条释义，并对相关法条举例说明。他认为："保险者，契约者也，保险除具有一般契约之要件外，尚有下列数据要点在：（1）保险契约者，要式契约也，以其为要式契约，故须以书面订立，不能以口头订约；（2）保险契约者，有偿契约也，以其为有偿契约，故双方均负有义务，即甲方约定付保险费于乙方，遇危险事故发生时，则乙方以保险金额给付之是也；（3）保险契约者，双务契约也，以其为双务契约，故非无价之赠与，即一方给付保险金额，他方须给付保险费是也；（4）保险契约者，侥幸契约也，即契约效果于订立契约之时，未能确定之谓，盖保险人责任之存否，纯视危险发生与否而定之也；（5）保险契约者，善意契约也，即当事人双方于订立契约时，较之他种契约须更为善意之谓；（6）保险契约者，对人契约也，即保险契约不问其标的物若何，乃为对人之契约，而非对物之契约也。"① 该观点详细地概述了保险的性质，在林振镛看来，保险属于特殊的合同，除了一般成立要件外，还具备特殊的成立要件，如需要订立书面合同、需要支付相应费用等条件。为了推动我国刑法学的发展，林振镛根据美国法学家威廉·鲁滨逊的著作译成《美

① 林振镛：《新保险法释义》，大东书局 1946 年版，第 2—3 页。

国刑法学纲要及与我国刑法之比较》一书，该书体系严谨，逻辑清楚，对犯罪构成要件、犯罪主体等有清晰的认识。他提出：“每种犯罪，恒具有两项要素，第一为犯罪行为，第二为犯罪之意思。犯罪之行为者，指法律上所禁止之某种作为或不作为也。犯罪之意思者，指犯罪之心理状态也。”在他看来，犯罪行为、犯罪意图是每种犯罪都必须具备的基本要素，二者缺一不可。若犯罪主体仅有犯罪行为，而没有犯罪意图，或者仅仅有犯罪意图，还未实施犯罪行为，此时他都称不上犯罪，只有犯罪行为和犯罪意图同时具备时才能用刑法对犯罪主体进行惩罚。在当时，这种法律思想实属创新。除了刑法领域，他在民法领域也颇有建树，中华人民共和国成立初期，我国的民法很大程度上借鉴苏联和德国，对英国民法典了解甚少，为了解决这一现象，他翻译出《英国侵权法纲要》和《英国契约法》二书。这些作品为研究英美法律提供了丰富的素材。

（三）人物总结

林振镛一生都在为法制事业的发展而奋斗，他编著了大量的法学著作与文章，其贯彻“万物并育而不相害，道并行而不相悖”的理念，在学术领域开放宽容，逻辑严谨，致力于刑法学、保险法之研究。他在刑法学领域做出重大贡献的同时，也注重普法教育，为我国法制建设做出了贡献。

普法小环节 犯罪构成的概念起源于13世纪意大利宗教裁判上的“查究程序”或称“纠问手续”，其构成要件只有诉讼上的意义。直到19世纪，德国著名刑法学家费尔巴哈、施鸠别尔才明确把犯罪构成作为刑事实体法上的概念来使用。在林振镛看来，犯罪行为、犯罪意图是每种犯罪都必须具备的基本要素，二者缺一不可，这是与犯罪构成有关的内容。犯罪构成，是指依照我国刑法规定，决定某一具体行为的社会危害性及其程度，为该行为构成犯罪所必需的一切客观和主观要件的有机统一，是使行为人承担刑事责任的根据。任何一种犯罪的成立都必须具备四个方面的构成要件，即犯罪主体、犯罪主观方面、犯罪客体和犯罪客观方面。犯罪构成理论在犯罪体系及整个刑法学体系中占据核心地位。

九、民法领域的佼佼者——李宜琛

（一）人物生平

李宜琛（1910—1976），字子珍，民国时期民法学家，福州人。1930年大学毕业后留学日本，在早稻田大学法学部研修，深得早稻田大学法学部教研室教授、法学博士中村万吉的赏识。1934 年学成归来后担任北平大学和河北商法学院教授。1937 年七七事变后，李宜琛到西北联大任教。1942 年，李宜琛离开西北联大来到重庆，担任教育部抗战教育委员会专任委员。1943 年，李宜琛任职教育部所属国立编译馆社会组主任，同时兼任复旦大学教授。1945 年，李宜琛重新回到北平。在北平期间，李宜琛专职从事律师工作，同时兼任北平朝阳大学、天津法商学院教授，其间担任过重大案件的辩护律师。1956—1966 年间，李宜琛主要从事翻译工作，同时给全国政协写文史资料。1966 年，李宜琛因历史问题被遣送回原籍福建建阳水吉镇，由其本家亲戚照看。1976 年，李宜琛病逝于福州，享年 66 岁。李宜琛一生著述颇丰，有《日耳曼法概说》《民法要论总则》《民法总则》《现行物权法论》《现行亲属法论》《现行继承法论》等。

（二）法治贡献

李宜琛一生著作斐然，其中对后世影响深远的莫过于《民法总则》一书，书中借鉴了西方法律的精华，将民法总则分为绪论和本论两部分，绪论主要对民法的意义、民法的形式、民法的编制、民法的种类、民法的解释等内容作了详细的说明；本论部分详细解释了权利与义务的关系和内容，对权利主体、权利客体、权利之得丧变更、权利之行使及保障作了阐释。李宜琛在书中对法律作了明确划分，把法律分为公法和私法，他认为："公法私法之性质，既有不同，故其指导原理，亦有显著之差异。学者恒言，公法为命令服从关系，而私法则为平等对立关系。"[①] 在李宜琛看来，民法就属于私法范围，调整的是平等主体之间的各种财产关系，大到各种巨额借款，小到普通买卖，都渗透在今天的日常生活中。此外，李宜

① 李宜琛：《民法总则》，国立编译馆 1944 年版，第 3 页。

琛还提出："民法所规定者，不过为私法关系之原则，并非私法之全部，于私法之中，复有特别私法，其最重要者，即关于商事之特别法规。"[①]他认为私法之中包括普通法（民法）和特别法（商法）两类。不过在总则中他仍然采用了民商合一的方式，其中一些诸如公司法、保险法、海商法、票据法等，仍然以单行法规的形式存在，这已经具有很大的进步意义。[②]李宜琛的《民法总则》并非一味地移植和借鉴西方法律，还对我国民国时期的法律修订做了简要阐述。在民法之解释适用一章中，李宜琛提出："法律规范原为抽象的规定，法律之价值即在此种抽象之规范，适用于具体的社会生活关系。以抽象的法律规范，应用于具体的生活现象，即所谓法律之适用。"[③]因此，李宜琛得出，法律的适用就是将既定的法律规范运用到具体的法律对象身上，以便于解决问题。谢怀栻在《李宜琛著〈民法总则〉评介》一文中提到："本书之优点，据笔者所见，在于两点：其一为民法基本原理之注重，其二为民法新趋势之开发。"[④]在当时的社会环境下，李宜琛能对民法的各种法律关系做出全面而浅白易懂的阐述，并且还能把握我国未来民法的发展方向，这无疑是体现了兼容并包的精神。

在西方法律史中，日耳曼法为西方法律传统的重要基础，它与罗马法、教会法一起构成近代西方法律的三大渊源。然而在民国时期，日耳曼法在我国还属于空白点。为了更好地让世人理解该法，同时填补此空白，李宜琛编著《日耳曼法概说》一书，对人法、物权法、亲属法、债务法、责任法和继承法作了详细的论述，并且对一些问题都有自己独到的见解。虽然"日耳曼习惯法，因地而殊，杂然并存，适用殊为不便，乃将罗马法引进。经数十载经营之后，先由行政官奉罗马法为圭臬，继则法院于具体案件竞相适用，年深月久，竟浸假成为德国法律主流，原有日耳曼法转屈居补充地位"[⑤]，但仍然具有重要的研究价值。正如李宜琛所言，虽然与旧法相对照，新法是富于学问的、复杂的和系统的，但是，假如没有建立极其注重相互依存、同伙关系、相互负责和其他共有社会价值的、有组

① 李宜琛：《民法总则》，国立编译馆 1944 年版，第 4 页。
② 徐晓静：《近代民法学家李宜琛与〈民法总则〉的诞生》，《兰台世界》2014 年 19 期。
③ 李宜琛：《民法总则》，国立编译馆 1944 年版，第 22 页。
④ 谢怀栻：《李宜琛著〈民法总则〉评介》，《中华法学杂志》1944 年第 7 期。
⑤ 杨仁寿：《法学方法论》（第二版），中国政法大学出版社 2013 年版，第 39—40 页。

织的、紧密结合的日耳曼共同体，那么它就不可能形成，也不可能继续存在。李宜琛认为，虽然罗马法理论更丰富、体系更严谨，但是日耳曼法作为西欧法律的传统，其日耳曼精神对于现代法律的发展和研究都具有不可忽视的作用。

此外，他还编著了一系列的民法著作，如《现行物权法论》《现行亲属法论》《现行继承法论》等。《现行物权法论》一书对物权法总论、所有权、占有权、用益物权、担保物权做了详细的阐述。《现行亲属法论》则对亲属、家庭、婚姻、父母子女、监护、抚养等问题加以解析，并征引中外法例，比较异同，对亲属法各个制度追溯其沿革，明其体用。《现行继承法论》对继承法总论、继承、遗嘱做了详细论述，并且对一些继承问题提出了自己的独到见解。这些著作在当时影响深远，其中不乏被部分大学作为教科书，对现在的有关研究仍具有一定的指导意义。

（三）人物总结

李宜琛学贯中西，一生著作颇丰，潜心科研，在法学领域，尤其是在物权法、亲属法、继承法等领域中做出了杰出的贡献，为后世的研究提供了珍贵的资料与素材。其对日耳曼法的物权法、债务法、亲属法等领域也有深入研究，是我国当时法制史学界研究的前沿学者。他的研究在一定程度上填补了我国比较法教育的空白，为我国比较法教育的发展做出了贡献。

普法小环节 李宜琛在《民法总则》中指出："在中国，民法的形式除了民法典之外，还包括实质意义上的民法，如特别民法法规（土地法等）、民间习惯、法院之判例以及法律之原理（法理）等。"而现已实施的《中华人民共和国民法典》被称为"社会生活的百科全书"，是中华人民共和国第一部以法典命名的法律，在法律体系中居于基础性地位，也是市场经济的基本法，为我国社会中平等主体间的人身财产关系调整提供了更为完善的依据。《中华人民共和国民法典》通编贯穿以人民为中心的发展思想，着眼满足人民对美好生活的需要，对公民的人身权、财产权、人格权等做出明确详细的规定，并规定侵权责任，明确权利受到削弱、减损、侵害时的请求权和救济权等，体现了对人民权利的充分保障，被誉为"新时代人民权利的宣言书"。

第五节 闽都法治精神之四：敢为人先

一、造福一方的贤良谏官——蔡襄

（一）人物生平

蔡襄（1012—1067），字君谟，兴化军仙游县（今莆田仙游枫亭）人。宋仁宗天圣八年（1030 年），蔡襄参加开封乡试，登进士第。天圣十年授漳州军事判官，在职四年。景祐元年（1034 年）任西京留守推官。景祐三年，范仲淹、余靖、尹洙、欧阳修等主张改革的忠臣因言得罪权相吕夷简，而高若讷则仰承吕之鼻息，落井下石。蔡襄不畏权势，作《四贤一不肖诗》以讽，传诵一时。

庆历三年（1043 年），蔡襄主持谏院衙署，支持庆历新政。次年，调任福州知州。庆历六年秋，改任福建路转运使。蔡襄在福州见百姓患病不就医而向巫觋求拜，多为蛊毒所害，撰《圣惠方后序》，刊刻于碑，劝病者就医治疗，并采取措施，取缔巫觋，“禁绝甚严，凡破数百家，自后稍息”。

庆历八年，蔡襄因父亲去世而回乡丁忧。皇祐三年（1051 年）召复，修起居注，参与政事。次年，迁起居舍人、知制诰兼判流内铨。

嘉祐元年（1056 年），蔡襄再知福州。在任上他劝学兴善，传播医治蛊毒的药方，教育民众遵法为善，改变陋习，监督官吏深得民心。

嘉祐六年被授为翰林学士、权理三司使，管理朝廷财政。此时，宋廷财政入不敷出，“积贫”已深。蔡襄善于理财，“较天下盈虚出入，量入以制用。划剔蠹，簿书纪纲，纤悉皆可法”。不久，英宗继位，正式任命蔡襄为三司使。蔡襄撰《国论要目》一文，阐述改革主张，提出择官、任才、去冗、辨邪佞、正刑、抑兼并、富国强兵的改革方案。英宗不但不采纳，反而夺其三司使职。蔡襄以母亲年老为由，出知杭州。

治平四年（1067年）八月十六日，蔡襄逝世于家中，享年56岁。朝廷追赠吏部侍郎，后加赠少师。

（二）法治贡献

古时监察制度由谏官的谏诤制度和御史的弹劾制度两部分组成，前有谏臣直言进谏，后有御史弹劾失足官员。景祐三年（1036年），范仲淹、余靖、尹洙、欧阳修等主张改革的忠臣因言得罪权相吕夷简，蔡襄不畏权势，在进入谏垣后所做的第一件事情就是上书要求解除吕夷简的职权，并作《四贤一不肖诗》以讽。此诗洋洋洒洒1300余字，共分5节，褒扬范仲淹、余靖、尹洙、欧阳修四人为忠贤，斥责高若讷为不肖，诗文才气迸发，正气凛然。此时蔡襄只有25岁，年幼位卑，却已经敢于担当。

蔡襄刚直不阿，敢做敢言，曾向皇帝提出一套关于谏官运作的体系，并多次主动进谏。他在进谏给仁宗的《言增置谏官书》中一针见血地指出，言谏制度的根本问题在于皇帝是否有心纳谏，若皇帝不纳谏，那么安排再多的谏官，谏官的品德再高尚，也没有任何意义，以此规劝仁宗广泛纳谏，择善而用之。御史的弹劾职能，是宋代为维持官吏队伍质量所确立的另一制度，蔡襄也同样非常重视御史台的建设。御史台用来监察百官行为，检举存在渎职、腐败或其他罪行的官员，所以要使御史制度真正发挥效力，首先应当保证担任御史的人选必须刚直不阿。他曾就当时御史台属官多不称职的情况向皇帝进言，声称朝廷真正需要的应是“骨鲠之臣”，希望皇帝能够清理御史台风气，避免御史台流于形式。同时，他在监察制度方面还继承并发扬了台谏制度，即在御史台设立言谏御史，让御史同样可以进言进谏，借此使正直清廉的官员有机会表达自己的意见建议。

（三）人物总结

蔡襄作为宋朝统治阶级官僚体系的一员，其所作所为不可避免地受封建统治阶级的局限性和目的性影响，其政治主张的根本目的在于维护封建统治者的统治而非弘扬法治精神。但不论是其为人还是其思想，早已突破了腐朽朝堂的束缚，不论是他于国家危机时挺身而出的英雄气概，还是他积极变革、提出改善进谏与御史台的诸多设想，都体现出他与同辈所异、敢为人先的政治气魄。他正是靠着这种莫大的勇气来推动国家和社会的进步。于是，这位才华横溢、敢作敢当的政治家，于国势转衰、人人明哲保身之时，以个人渺小之力，誓要燃起一场变法图强的燎原圣火。我们在了解蔡襄书法成就的同时，更应该学习其敢为天下先的英雄气魄。

普法小环节　2018 年 3 月 20 日，第十三届全国人大一次会议表决通过了《中华人民共和国监察法》（以下简称《监察法》）。《监察法》的颁布和实施是我国依法反腐、加强廉政建设的重大决定，体现了我国推进全面依法治国、建设法治中国、实现政务公开、落实行政透明的决心和态度。《监察法》共分 9 章，包括总则、监察机关及其职责、监察范围和管辖、监察权限、监察程序、反腐败国际合作、对监察机关和监察人员的监督、法律责任、附则，共 69 条。《监察法》制定的目的是将党的十八大以来的反腐败经验规范化、法治化，整合反腐败资源力量，扎牢反腐败笼子，构筑不敢腐堤坝，实现党对反腐败工作的集中领导、统一领导，构建中国特色国家监察体制，实现对所有公职人员监察全覆盖。《监察法》的制定是落实深化国家监察体制改革决策部署的重大举措，是坚持和加强中国共产党的领导，构建高效权威、集中统一的国家监察体系的必然要求，是坚持党内监督与国家监察有机统一，坚持走中国特色监察道路的创制之举。

二、法制史学界的先行者——程树德

（一）人物生平

程树德（1877—1944），字郁庭，福州人。中国法律史学家。程树德曾获举人功名，后留学日本，毕业于日本法政大学法律科。回国后，通过留学生授职考试，被赐予法政科进士出身，授翰林院编修。其后，历任国史馆协修、法典编纂会纂修、福建法政学堂教务长、留美生考试襄校官、法官考试襄校官，以及北京大学法学院、北平大学法学院、清华大学法学院讲师和教授等职。他在法学方面的研究覆盖了中国法制史、国际法、宪法、比较法等学科方向。

程树德早年便致力于写作，1906 年，首部著作《国际私法》问世。1919 年，《汉律考》问世。1925 年，《九朝律考》出版，这是他平生最为重要的著作之一，曾于 1935 年再版，后又重版两次。此著作从古籍中搜罗从公元前 2 世纪起至公元 7 世纪间历代已经散佚了的法律、科令、格式、刑名和相关资料，并作了综合考证与论述，内容包括汉律考、魏律考、晋律考、南北朝律考（梁、陈、后魏、北齐、后周）、隋律考等九朝的法律考据与论证。

1928 年，程树德的《中国法制史》出版，这是为北大、清华法律研究生所编写的教材。上溯黄帝，下逮清朝，简要地阐述了历代法令及刑制的发展。程树德不仅深入研究中国古代法律和古代官制，还发挥自己了解中外相关法律的优势，对中外相关的法律进行比较，同时将国外的成熟法律介绍进来，这方面编写著作有《比较宪法》《宪法历史及比较研究》等。1931 年，程树德的《比较国际私法》出版。1937 年七七事变后，北京大学等高校陆续南迁，程树德失去教职，病无医药，最终瘫痪。他以“目难睁不能视，手颤抖不能书”之病弱残躯，自己口述，由亲戚笔录，历时 9 年，至 1942 年终于著成《论语集释》40 卷。

（二）法治贡献

1. 中国法制史的先驱

敢为人先不仅仅要勇于实践，敢于在他人之前率先行动，而且还敢做常人不敢做之事。程树德的《九朝律考》完美诠释了“敢为人先”的精神。中国古代法律，有记载的大多自唐代开始，唐代以前的法律无太多文献记载。面对这一现象，大多数的法学家都无能为力，而程树德致力于解决这一问题。他在《九朝律考》序中说：“六朝以后，祖尚玄虚，律令科条，委之胥吏，其治此者，非陋则俗，斯学浸微。今古律之存者，皆自唐以下。窃不自量，欲尽搜罗唐以前散佚诸律，考订而并存之。”[1]为此，程树德对唐代以前的汉、魏、晋、梁、陈、后魏、北齐、后周、隋等朝代的法律法规按照一定方式进行排序梳理，后编成该书，在很大程度上为后世研究这些朝代的法律制度和思想提供了素材。此外，程树德在《九朝律考》中对每个朝代的律令考证都详细明了，这些资料在一定程度上恢复了各朝代的法律情况，展现了各朝代法律发展的大致情况，为后世研究提供了方向。

程树德的《九朝律考》通过对各个朝代的法律进行整理，大致勾勒出我国法制发展的“律系表”，他在《后魏律考序》中提及：“盖自晋氏失驭，天下分为南北，江左相承，沿用晋律，梁、陈虽各定新律，而享国日浅，祸乱相仍；又当时习尚重黄老，轻名法，汉代综核名实之风，于斯尽矣。拓跋氏乘五胡之扰，跨据中原，太祖、世祖、高宗、高祖、世宗凡五次改定律令。孝文用夏变夷，其于律令，至躬自下笔，凡有疑义，亲临决之，后世称焉。是故自晋氏而后，律分南北二支，南朝之律，至陈并于隋，而其祀遽斩；北朝则自魏及唐，统系相承，迄于明清，犹守旧制。”[2]程树德通过“律系表”将每个朝代的法律按照某一顺序联系起来，使得我国古代各个朝代的法律不再是孤零零的个体。在当今社会，该“律系表”得到越来越多的法学家承认并接受，而且越来越多的法制史书籍按照该体系进行编著，可见程树德对我国法制史发展所做出的卓越贡献及其学术水平之高。

除了对各个朝代的法律进行整理归纳，程树德还在《九朝律考》中对每个朝代的法制发展提出自己的看法。如在论证梁、陈二朝的法律时，其在考序中提及：“《隋志》言梁律全用王植旧本，今以律目相较，梁律篇目，均与晋同，唯删去诸侯一篇，增置仓库一篇。陈律篇目，全与梁同，是梁陈两朝之律，实言之，即晋律之张杜旧本。《唐志》有《条抄晋宋齐梁律》二十卷，盖比较四朝之异同，宋齐沿用晋律，而与梁并举，知梁陈虽间有增改，而大体悉仍晋律之旧，此其证也。”[3]

---

① 程树德：《九朝律考》，商务印书馆 1935 年版，序言。
② 程树德：《九朝律考》，商务印书馆 1935 年版，第 399 页。
③ 程树德：《九朝律考》，商务印书馆 1935 年版，第 363 页。

2. 趋势更新的婚姻制度

程树德在《中国法制史》论述了我国古代的婚姻制度，“我国为文化发达最早之国，太昊伏羲氏时代，即已有婚姻制度”。他认为，婚姻之要件，可分为实质上、形式上论之。一实质上要件：达于适婚年龄；非同性；一夫一妻，重婚之禁，世界所同；当事者之同意。二形式上要件：婚姻方式，欧洲有宗教结婚与民事结婚之异，然皆必须有公示及证书之方式，其为要式行为则同。我国则方式尤为严重。古代所行者，有六礼之制……缺其一，则婚姻不成立……婚姻预约，我国谓之定婚，欧、美诸国，婚姻预约，或认为无效，或止为损害赔偿之原因。我国则定婚为有效。[①] 其中如婚姻的成立要件等与今天的法律大致相同。程树德的一些思想被现今的民法典吸纳。

（三）人物总结

程树德是中国近代法律史学科的奠基人，对我国法制史的发展做出了杰出贡献，其《九朝律考》一书与沈家本的《历代刑法考》一书，为中国近代法律史学的诞生奠定了基础。[②] 此外，他的《中国法制史》一书也对后世产生了深远影响。

除了卓越的法学贡献外，他在史学、经学等方面都有一定的建树，《说文稽古篇》对中国古代文字的形成、演变和内涵进行了细致全面的探究。《论语集释》汇集从古至今注释《论语》的600余家之言，为当时最权威、最全面的研究《论语》的著作。

普法小环节 根据我国《民法典》的相关规定，结婚的条件包括必备条件和禁止条件。男女双方只有既符合法律规定的必备条件，又不存在禁止条件，婚姻关系才能合法成立。如结婚应当男女双方完全自愿，禁止任何一方对另一方加以强迫，禁止任何组织或者个人加以干涉；结婚年龄，男不得早于二十二周岁，女不得早于二十周岁；直系血亲或者三代以内的旁系血亲禁止结婚。

---

① 程树德：《中国法制史》，上海华通书局1931年版，第145—150页。

② 何勤华：《程树德与〈九朝律考〉》，《河南省政法管理干部学院学报》2004年第3期。

三、追求男女平等的先驱——林宗素

（一）人物生平

林宗素（1877—1944），女，原名易，闽县（今闽侯）人。林宗素自幼受到良好的家教，后到大舅家跟从高啸桐学习西学。1901 年，林宗素随兄嫂到上海，次年入上海爱国女校就读，参加了中国教育会、爱国女校、爱国学社组织的活动，暗中宣传革命。1903 年 2 月，林宗素随兄林白水留学日本，她一面在日语传习所学习，一面参加中国留学生组织的活动。3 月，为响应拒俄运动，林宗素与其他爱国女学生组织“共爱会”，以“拯救二万万之女子，复其固有之特权，使之各具国家之思想，以得自尽女国民之天职”为宗旨。同年四五月间，林宗素回到上海。后在蔡元培创办的《俄事警闻》（后改为《警钟日报》）担任编辑和撰写工作。林宗素与林白水等人还为青年学生们办了《和平时报》，宣传民主革命，开展反帝斗争。1905 年，她再次东渡日本，进入东京女子高等师范学校。12 月，林宗素由张继主盟加入中国同盟会。武昌起义成功后，林宗素回到上海，先后创办《社会日报》《社会党月刊》等报刊。她极力主张女子参政，被推选为女子参政同志会会长。1912 年 1 月 5 日，林宗素由上海前往南京，代表女子参政同志会拜会孙中山，阐述女子参政的迫切要求，得到孙中山的支持。林宗素等妇女界代表要求将男女权利一律平等、同具有选举权与被选举权的内容明确写进临时约法，但 1912 年 3 月 11 日颁布的《中华民国临时约法》并未涉及该内容，林宗素等人 5 次上书临时参议院。在袁世凯独裁统治下，革命形势转入低潮，林宗素离开上海，到南洋等地从事教育事业并经营商业，积极资助林白水办报。1922 年 3 月，林宗素全家从南洋回到北京。全民族抗日战争爆发后，林宗素全家定居昆明。1944 年，林宗素病逝。

（二）法治贡献

1. 要求男女平等

1902 年 6 月 26 日和 7 月 27 日，天津《大公报》和上海《中外日报》

刊载了由同一人求登的一则征婚广告。广告全文如下："今有南清志士某君，北来游学。此君尚未娶妇，意欲访求天下有志女子，聘定为室。其主义如下：一要天足。二要通晓中西学术门径。三聘娶仪节悉照文明通例，尽除中国旧有之陋俗。如能合以上诸格及自愿出嫁，又有完全自主权者，毋论满汉新旧，贫富贵贱，长幼妍媸，均可。请即邮寄亲笔复函，若在外埠，能附寄大著或玉照，更妙。信面写AAA，托天津《大公报》馆或青年会二处代收。"该男子所提出的三条择偶标准，代表了当时"破除缠足恶习，提倡人体的自然美""兴办女子教育，提高妇女的文化修养""摒弃结婚旧礼仪的繁文缛节，采用简单自然的西式婚礼"的三种先进妇女观。这则征婚广告的出现，不仅是中国男子求婚形式变化的初端，而且反映出择偶标准的一种时代趋向，是对传统的"女子无才便是德"观念的一种挑战。然而，林宗素却写信给《中外日报》，猛烈批评这则广告。她写道："近读贵报，见载有《世界最文明之求婚广告》，读后骇然，所谓南清志士，究竟是何许人？为何隐名不报？观其口气，大有以中国伟人自居之意，实际上只不过是一个口谈维新的庸人罢了。何也？既然征婚求偶，就该自报家门，介绍自己的品行职业。当今之世，不仅男择女，女也有择男的权利，西方男女订婚，都有个相互了解的过程。今此君开列对女方的三个条件，对自己的情况却讳莫如深，直将吾中华二万万女子视为随意摆布的姬妾，视为上海租界的妓女也。"林宗素以女性特有的敏感，看出了这位征婚者只对女方提出要求而丝毫未介绍自己的情况的单向择偶倾向。这种倾向反映出当时即使是思想先进的青年，头脑中依然保留着传统士大夫的男子中心主义。

2. 争取参政权

南京临时政府成立后，辛亥革命期间的女子军队被解散，许多女性革命者开始从事参政运动。此次的参政运动是由林宗素、唐群英等领导的。林宗素于1911年11月成立"女子参政同志会"，其后与"女子同盟会""女国民会""女子后援会""女子尚武会"在南京联合成为"女子参政同盟会"。女子参政同盟会"以实行男女平等、实行女子参政"为宗旨。

在南京临时参议院成立后，女子参政同盟会成员要求参议院在临时约法中明确规定男女平等，她们认为：“欲弭社会革命之惨剧，必先求社会之平等。欲求社会之平等，必先求男女之平权。欲求男女之平权，非先与女子以参政权不可。”但在1912年3月11日正式公布的《中华民国临时约法》中并无男女平权的条约，对妇女参政问题也只字未提，这引起妇女参政界的极大不满。妇女界代表唐群英、林宗素等人便在3月19日、20日、21日连续3天到临时参议院去讨说法，均未得到满意的结果。最后在孙中山的斡旋下，参议院才于3月下旬通过了允许女子到参议院旁听的决议。但是，1912年4月1日南京临时政府公布的《参议院法》规定：“中华民国之男子，年龄满二十五岁以上者，得为参议员。”这样，女子依然没有获得参政权，1912年的女子参政运动以失败收场。

（三）人物总结

林宗素作为女权运动先驱，也是1912年的妇女参政运动的发起者与主要领导者之一，她的一系列行为举措，为妇女参政运动奠定了基础。她作为女性政治诉求的“发言人”，向社会各界表达了中国妇女参政要求。此外，林宗素大力宣扬发展女子教育、解放妇女思想、培养具有国民意识的“新女性”，壮大了1912年妇女参政运动的群众基础。林宗素积极提倡男女平等，主张女子参政的诉求，勇于向男尊女卑的旧秩序挑战，提高女性地位，为改善妇女的社会地位做出了极大的贡献。

普法小环节　男女平等，是指男女两性在政治、经济、文化、社会和家庭等各个方面享有同等的权利，负担同等的义务。1954年我国就把男女平等写入宪法。《中华人民共和国宪法》对男女平等问题明确指出：“中华人民共和国男女在政治的、经济的、文化的、社会的和家庭的生活等各方面享有平等的权利。”

四、挑战权威的法院院长——林翔

（一）人物生平

林翔（1881—1935），字璧予，福州人。他是林则徐次子林聪彝之孙。

林翔童年丧母，自小奋发上进，先入福建法政学堂，后留学日本，获得明治大学法学博士学位。他在东京便加入同盟会，回国后执业律师，后在厦门地方法院和省高级法院任职。

1918 年 3 月，林翔应召任大元帅府广东高等检察厅检察长，5 月改任军政府总检察厅检察长。1923 年 9 月任陆军大元帅大本营审计局（翌年改审计处）局长，后兼财政委员会委员。1925 年 6 月 30 日代大理院院长，7 月兼任法制委员会委员、惩吏院（翌年改称审政院）委员，10 月 9 日任特别刑事审判所所长，翌年兼法制编审委员会委员、司法行政委员会委员。

1927 年 6 月，他担任中央法制委员会委员，10 月任军政厅军法处处长，面对立法委员刘三冤狱，他不顾蒋介石以刘三忤其意、欲置其于死地的授意，审时度势，据理脱刘三于危难，朝野震动。11 月 5 日任国民政府监察院监察委员。翌年 11 月 13 日擢任最高法院院长。

1935 年，林翔不幸因病离世，年仅 54 岁。国民政府主席林森下令公葬优恤，事迹宣付国史馆。

（二）法治贡献

林翔在司法领域最突出的成就，便是他敢于突破统治阶级意志的封锁，严守司法者应有的底线，把公平和正义作为司法审判的第一要义。在著名的立法委员刘三冤案中，尽管蒋介石已经暗中授意，欲置刘三于死地，但林翔却以事实为依据，以法律为准绳，使刘三摆脱冤案，为那个黑暗无序的时代带来一丝正义的曙光。

（三）人物总结

林翔完美地继承了曾祖父林则徐公而忘私、慷慨仗义的精神品质，甚至就连事业的方向都在效仿先辈，倡导禁烟。其中固然有作为先辈的林则徐的模范作用，但更多地体现出林翔本人不畏权贵、仗义执言的英雄气概。其身为法官，坚持司法公平与正义，严守司法底线，使其不沦为掌权者摆弄的工具，他的行为与精神宛如历史长河中一条条激流猛进的金鳞，在平凡暗淡的时代里绽放光华、熠熠生辉，为当时黑暗腐朽的法治背景，点燃希望之光。

普法小环节 法的价值是指法律满足人类生存和需要的基本性能，即法律对人的有用性。法的价值是以法与人的关系作为基础的，是法对人所具有的意义，是人对法的期望、追求、信仰。法的价值在指导人类的同时，又评价着人类关注的法与自己之间的关系及人类的相关思想与行为。

五、誓死守护中国法权——翁敬棠

（一）人物生平

翁敬棠（1885—1957），字剑洲，福州人。翁敬棠曾考中秀才，在清末学制改革后，又进入全闽大学堂（今福州一中前身）学习。1906 年毕业后，赴日本法政大学学习法律。1909 年学成归国后即被清廷奖授法政举人，之后在福建法政学校执教。

1. 效力民国，初露锋芒

中华民国成立后，翁敬棠出任福建闽侯地方检察厅厅长。上任未久，就发生了“蒋黄惨案”。当时，旧军人出身的福建军政府政务院院长彭寿松在革命胜利后，利用同盟会成员因为革命胜利而带来的麻痹心理，趁机钳制舆论、践踏民主，并于 1912 年 4 月 29 日将敢于发表演说抨击时政的同盟会会员蒋筠暗杀于福州。《民心报》主笔黄家宸，在报纸上揭露彭寿松的罪行。彭寿松对其怀恨在心，于 5 月 22 日派人在花巷口暗杀他。这就是轰动八闽的“蒋黄惨案”。翁敬棠以监察厅职责所在，呈报福建都督孙道仁要求抓捕人犯，但因彭寿松权倾八闽而备受阻拦。翁敬棠因此愤而辞职，转途北上，引发举国震动，最终北京方面派来岑春煊调查此案。

2. 任职京津，传唤总统

1914 年，翁敬棠任北京地方检察厅检察官。时值第一次世界大战，日本借口对德宣战，强占山东多地，所到之处，烧杀淫掠，无恶不作。翁敬棠奉派前往山东调查日军罪行并呈报，但袁世凯正在积极准备称帝，并寻求日本认可，因此不敢向日本交涉。翁敬棠悲愤成疾。病愈后，翁敬棠调任天津地方审判厅厅长。袁世凯死后，回任北京地方检察厅厅长。1923 年，直系军阀曹锟与国会议长吴景濂勾结，导演了贿选总统的丑闻。当时的国会议员浙江淳安人邵瑞彭对曹锟贿赂议员之恶行十分愤慨，佯装参加贿选，取得行贿证据后便乘火车离开北京逃至天津。抵津后他通电全国声明得到一张 5000 元支票之由来，并将支票制版向各报发布。他还致函北京地方检察厅，控告高凌霨、吴景濂等人为曹锟谋任总统向议员行贿的丑行。其时，曹锟已经通过贿选当选总统。时任检察厅厅长的翁敬棠对曹锟把持政局、玩弄民主政治早有不满，但是向总统发传票，这可是一件冒天下之大不韪的事。面对巨大的压力，翁敬棠不卑不亢，赌上仕途予以准告，并发传票传唤曹锟到案。但最终因受到直系力量的阻拦而不了了之。翁敬棠此举给当时司法界留下了深刻的印象，不久升任北京总检察厅检察官。

3. 金法郎案，弹劾部长

1921 年，法国开办的中法实业银行倒闭。第二年，法国政府与北洋政府秘密协议，假借退还部分庚子赔款以恢复中法实业银行，要求中国以金法郎偿付对法庚子赔款，这一要求将导致中国多付巨额关银。消息传出，举国反对。1924 年，段祺瑞出任临时执政，因财政支绌，指示财政总长李思浩和外交总长沈瑞麟与法国公使秘密谈判“金法郎案”，最终与法国签订协议，接受了法国的要求。协议公布后，舆论一片哗然，总检察厅指派翁敬棠调查此案。经过 4 个月调查，翁敬棠向总检察厅呈交了长达 9000 字的检举理由书。为了防止泄密，避免家人担忧，他又躲藏在厕所里秘密写成 5 万余字的检举书，亲自投往各报社以及总检察长，一时舆论大哗。[①] 在这份检举书中他认为：“合约如此，换文如此，历来偿付呈案如此，不应以纯金计算之理由又如此，该总长等稍一用心考察，何指绝无所

① 陈珺：《北洋时期的金法郎案》，《文史精华》2015 年第 24 期。

绝？”因此他认为当时办理金法郎案的财政总长李思浩、外交总长沈瑞麟已构成刑律108条外患罪。后因段祺瑞的庇护，几位部长未受起诉，仅以自行辞职了事。从1925年到1926年，翁敬棠在《银行周报》等刊物上频频发文，要求将涉案人员绳之以法。他认为：“沈瑞麟、李思浩明知故作，丧心病狂，一至于此。”[①]寥寥数语，勾勒出一个热爱祖国、伸张正义的检察官形象。

在金法郎案余音未消的1926年还发生了一件大事。3月，冯玉祥的国民军与奉军作战时，日军军舰掩护奉军军舰进入天津大沽口，并炮击在岸国民军，国民军坚决还击，将日军赶出大沽口。日本方面居然联合英美等八国对北洋政府发出最后通牒，提出拆除大沽口国防设施等无理请求。在此背景下，3月18日，北京群众数千人在李大钊的主持下在天安门集会抗议，北洋政府竟然下令开枪，当场打死47人，伤200余人。事件发生后，翁敬棠提笔为受难者发声，在《三一八惨案法律问题》一文中，对于这起事件的起因，他指出“该枪系奉令而发，不难推知”[②]，认为“至少应将开枪卫队逮交法庭，然后逐步根究是否有人教唆，教唆究为何人”。对于段祺瑞执政当局包庇主事者的行为他感到十分愤慨，在文章最后直言“此行政机关敷衍办法，置之不论可也”。在当时的政治环境下，翁敬棠发文支持进步学生，敢于与北洋政府反动势力抗争，同时理性地从法律角度宣扬诉求是非常难能可贵的。

4. 伸张民族大义，冒死守护法权

1927年，武汉国民政府成立最高法院，翁敬棠任刑庭庭长。同年召开第一届全国司法会议，翁敬棠为大会起草主旨为“施政以法治为先，崇法乃治平之本”的宣言。宁汉合流后，翁敬棠任国民政府最高法院一庭庭长。全民族抗日战争爆发，上海沦陷，英美法各国以最高法院西迁、文卷难以送达为借口，在上海租界恢复会审公廨的制度。会审公廨是清末法权丧失的标志之一，是国家民族的耻辱。为了维护中国法统，翁敬棠接受命令在上海租界设立上海特区分庭，并任庭长，使英美法的阴谋破产。汪伪政府成立后，想要接受上海特区分庭，被翁敬棠严词拒绝。汪精卫先后杀

① 翁敬棠：《翁敬棠再检举义比金法郎案》，《银行周报》1926年第3期。

② 翁敬棠：《三一八惨案法律问题》，《法政学报》1926年第1—2期。

害江苏高等法院第二分院刑庭庭长郁华与上海第一特区地方法院刑庭庭长钱鸿业、绑架江苏高等法院第二分院院长徐维震，甚至向法院抛掷炸弹开枪示威。翁敬棠针锋相对，加强戒备，在生死困境下依然兢兢业业、维护法权。1941 年太平洋战争爆发，日军进占上海公共租界，翁敬棠奉调福建战时省会永安，任最高法院闽浙赣分庭庭长。

抗战胜利后，翁敬棠出任南京中央公务员惩戒委员会委员长。目睹了国民党政府的腐败后，他于 1948 年初辞职回到故乡福州，任福建学院教授。

中华人民共和国成立后，翁敬棠当选为福州市第一届人民代表大会代表，并任市人民委员会委员。1954 年 6 月受聘为福建文史馆第二副馆长。1957 年 9 月 12 日病逝。

（二）法治贡献

翁敬棠传世学术专著教材和论文主要集中在民商法，并有刑事诉讼法和刑法论文两篇。《公司法释义》是翁敬棠在 20 世纪 30 年代发表的学术论著，主要涉及公司法的理解与阐释。《民法继承编》是翁敬棠在朝阳大学授课时整理的学术讲义。《如何消灭贪污》是翁敬棠在担任中央公务员惩戒委员会委员长时发表的论文，他根据任职的实践经验总结了反腐倡廉的方式方法。翁敬棠心仪民生，他的法学观点总是与实际相联系，《经济建设与公司法》一文是在抗战胜利后写成，该篇文章是希望公司法可以推动经济建设，让战后社会经济能够繁荣，希望国家早日富强起来。

1. 民法方面

翁敬棠在北京任职时曾兼任朝阳大学法学院（今中国人民大学法学院前身）教授，曾讲授民法，并著有《民法继承编》讲义传世。该讲义有着浓厚的民国初年法学学术教材的风格，在行文中频繁引用《礼记》《左传》等中华传统文化著作。同时，教材中以《大清律例》以及《大清民律草案》为历史发端，以民国《民法继承编草案》为骨架，并兼顾西方继承法的现有法条和理论，非常符合民国学者“学贯中西”的学术特征。在讲义开始，翁敬棠从人类社会发展叙述了继承行为的发展，并明确指出“所最为繁杂问题者，又在财产之继承矣”，说明当时的法学界已经接受了继承法应当优先规制财产而不是身份的观点。这种财产优先的观点是与拥有嫡子继承悠久传统的身份继承优先的观点格格不入的。在教材中，翁敬棠对继承权的定义加以阐释，他认为，继承权一语，有二种之意义，其一指继承开始前继承人之地位而言，即将来应有继承权之谓也，其一指继承开终后继承人之地位而言，即现有继承权之谓也。这种对于继承行为开始前后的继承权利性质的基本划分，直到现在依然还有很大的学术意义。

2. 商法方面

翁敬棠著有《公司法释义》一书，以解释1929年颁布的《中华民国公司法》。在这本书中，翁敬棠先是从法律角度提出了公司的定义，他认为："公司者，谓多数人之集团。于一定条件之下，以各人之出资，为团体之资本，经营共同的营利事业，而分配其利益者也。"[①]对于公司的性质，他提出三点，第一是"公司者社团也"，第二是"公司者以营利为目的之团体也"，第三是"公司者法人也"。[②]现行公司法条文规定："公司是企业法人，有独立的法人财产，享有法人财产权。公司以其全部财产对公司的债务承担责任。"相较而言，可见当时对于公司的法律意义理解已经颇具现代雏形。

抗日战争胜利后，翁敬棠著《经济建设与公司法》一文。当时为促进战后经济建设、吸收外资，1945年6月18日，国民政府通过了公司法修正原则，一共29条。翁敬棠在文章中对这29条中的要点进行了说明。他认为，公司法中最重要的修正是对外国公司的规制从属人主义变成属地主义，使外国公司和本国公司同样都受本公司法的约束，维护了司法主权，保证了交易安全。他先是介绍了经济建设与公司法的关系，认为"民营企业，与国营企业，须同时并进，始足期经济建设之成功"，然后介绍了本次公司法修订的"最重要之点，即为原公司法所未规定，而新法特予增入者，所谓外国公司是……不足以保交易之安全，况此后欢迎外人投资，外国人在中国营业者，必日益增加，对于外国公司，尤有明白规定之必要，是为此次修正公司法原则之特点"。[③]

---

① 翁敬棠：《公司法释义》，上海法学编译社1930年版，第1页。

② 翁敬棠：《公司法释义》，上海法学编译社1930年版，第4—6页。

③ 翁敬棠：《经济建设与公司法》，《福建省银行季刊》1946年第1—2期。

3. 其他法律方面

抗战胜利后，翁敬棠改任中央公务员惩戒委员会委员长，致力于事务官员的惩戒工作。在此期间，面对战后国民党贪腐比战前更甚的局面，他深感无力。于是，他于 1948 年写了《如何消灭贪污》一文。在文中他认为消灭贪污要标本兼治。在治本方面，他提出要道德观念和法律观念并重，“使克勤克俭者，受社会崇拜，而贪污者则不齿于人”。他认为造成贪腐的原因是法律观念的淡薄，“此众平常漠视法律，甚且以法律为具文，故无所忌惮”。在治标方面，他提出了三点主张，一是“密于防范”，二是“严于侦查”，三是“重其罪行”。[①]这种观点非常符合依法治国与以德治国相结合的观点，同时对今天的反腐败工作同样具有参考价值。

（三）人物总结

翁敬棠一生都在为中国的法律事业近代化而努力奋斗，在关乎国家民族的问题上他从不妥协。一战时他调查日军在山东暴行，二战时他坚守上海维护中国法权，爱国主义精神在他身上得到了完美展现。同时，翁敬棠也是民国时期法学界实务与学术融合的典范，留学归国后他在福建法政学校授课，担任检察官以及最高法院庭长时，仍然坚持讲学，离任中央惩戒委员会之后也继续从事教学工作，体现了法律职业共同体的内在特征。

普法小环节　翁敬棠在继承法方面颇有造诣，我国《民法典》关于继承的规定有许多，继承的种类有遗嘱继承、法定继承、代位继承和转继承，遗嘱继承优先于法定继承。继承开始后，按照法定继承办理；有遗嘱的，按照遗嘱继承或者遗赠办理；有遗赠扶养协议的，按照协议办理。《民法典》关于继承的规定充分体现了公民对私有财产的处分权，遗嘱继承优先于法定继承就是其最直接的体现，且遗嘱的形式多种多样，如自书遗嘱、代书遗嘱、口头遗嘱等，充分适应了实践之中的需要，保护了公民的私有财产。当然，继承人所继承的并不只是财产权利，同时也包括被继承人生前所负的债务。根据《民法典》的规定，继承人应当在所继承财产的范围内承担偿还被继承人生前债务的责任。

---

① 翁敬棠：《如何消灭贪污》，《中央日报周刊》1948 年第 2 期。

六、法学界耆宿元老——柯凌汉

（一）人物生平

柯凌汉（1896—1985），字梅初，福州长乐人。柯凌汉少时聪敏，先入吴航小学，1912 年考入福建法政专门学校法律系本科。1916 年毕业后，由学校择优资助，东渡日本留学，入早稻田大学法律系，继续研究法学，尤注重于民法学，致力深钻力研，颇有成就。

1919 年毕业后返国。先后出任福建法政专门学校、福建大学等校法律系教师。1926—1927 年出任长乐县教育局局长，任内修校舍、办学堂，为家乡国民教育事业的振兴作建树。1929 年 9 月赴厦门大学法律系任教授。1938 年 1 月任福建学院法律系主任兼教授，直至 1945 年 10 月为止。其间，他还先后兼任福建高等法院检察官，第三分院首席检察官、庭长，第四分院院长等。1945 年 11 月任厦门地方法院院长，3 年后调任南京最高法院民事庭推事，不及一月，便辞职回闽，返福建学院当教授。1949 年 3 月擢为福建学院院长。

20 世纪 50 年代初，福建学院法律系合并入厦门大学法律系，柯凌汉又到厦门大学任法律系教授。1953 年秋退休返榕，前后在大学主讲法学计 25 年。他教学之余，努力研究法学，悉心论著，出版《中华债法论纲》《中华物权法论纲》。后受商务印书馆委托，编著《民法物权》，该书被列为“法律实用丛书”之一。他还在《中华法学杂志》《改进》《法律评论》上发表法学论文十多篇。

柯凌汉退休后寓居福州城内文儒坊大光里，为福州市政协委员、福建省政协委员。他作为国民党革命委员会的成员，先后当选民革福州市委员会委员、民革福建省委员会候补委员。他积极参加学习和社会活动，1956 年福建律师协会成立，他当选为顾问，并担任政协福建省委员会政法工作组副组长。福建省法学会成立后，他当选为名誉会长。1985 年 8 月 3 日病逝，享年 90 岁。

（二）法治贡献

1. 潜心钻研民法

柯凌汉 1934 年编写出版的《中华债法论纲》，对国民政府 1930 年施行的民法债编进行了系统研究。在法制化刚刚起步不久的中国，对民法进行全面系统研究的人不多，学术成果更是寥寥无几。而柯凌汉在此书中对债的意义、发生原因、标的、与其他权利的区别，以及各种之债，包括因契约、有价证券、无因管理、不当得利、侵权行为等所发生之债等内容进行了详述，并引用了大量中外的法例、判例和学说，集百家之言，博中西之长，填补了学界和实务界的空白，成为当时中国法学界的权威之作。1935 年 10 月，柯凌汉又出版了《民法物权》，全书关于绪论、总论、所有权、用益物权、担保物权、占有等章的分类符合近代民法的发展趋势，在当时独领风骚。

此外，他对于当时社会上认为祭田是公同共有物的主流观点提出了新的见解。他认为，公同共有的发生以公同关系的存在为前提，如以共同继承为公同关系，则遗产分割后，共同继承消灭，则祭田之公同共有关系也随之消灭，他认为，公同共有物经公同共有人全体同意时，得处分之，亦得分割之，现在将祭产认定为公同共有，经全体族人同意时，得将祭产处分或分割净尽，不免废弃祖先之祭祀，违反设置祭产之本意。他认为祭产不能认定为公同共有，祭产乃专供祭祀祖先之用，系供一定目的之用之财产，根据民法应当认定为财团法人。柯凌汉结合法理和中国社会的实际情况，得出了公同共有的学说符合传统社会的经济形态，而社团法人说更符合现代社会发展要求的结论。社团法人学说在当时无疑是超前的，柯凌汉高瞻远瞩、勇于创新，为该学说在中国的传播贡献良多。

2. 推动刑事制度的完善

柯凌汉在高等法院纪念周上做了《刑事诉讼法修正中应行讨论的几个问题》，就“科刑判决，应否公布”“移送卷宗，应否严定训示期限”“刑事卷宗，于必要时，应否制作正本”三个问题进行探讨。他结合法条和司法工作实际，建设性地指出科刑判决不仅用于执行确定的刑罚，还须用于“累犯”的确定、缓刑的确定等，“若科刑判决不公布，则后之受诉法院，往往不知犯人之前科，无从据为累犯之认定，或至误为缓刑之宣告”，主张在刑事诉讼法上设置关于公布科刑判决的一般规定。针对当时我国刑事诉讼法中对于侦查期限、公判期限、复判期限等做了规定，而没有对移送卷宗的时限进行规定的情况，柯凌汉认为这会使当事人在需要申请再议或者提起上诉时，增加讼累，因此主张规定移送卷宗的时限。此外，他也指出，刑事卷宗只编写一个卷宗，在遇到部分被告上诉，另外部分须要执行刑罚等情况时，由于卷宗的不可分割，导致卷宗无法分别移送，主张制作副本。[①] 柯凌汉从担任检察官工作出发，总结刑事诉讼法在实际运用过程中存在的问题，并努力为刑事诉讼法的修正和完善建言献策，所提观点切合未来的发展趋势。

（三）人物总结

柯凌汉是我国著名的民法学家、法官、检察官。他发扬敢为人先的精神，刻苦钻研法学，为我国法学理论的发展添砖加瓦。其著作内容简明扼要、通俗易懂，深受读者喜爱。此外，他也是一位廉洁清正的法官，手握司法权力的他，一丝不苟，公正裁断，亲身严守司法尊严。柯凌汉一生坚守公平公正，曾为营救爱国学生仗义执言，为存忧国忧民之精神的爱国学生保驾护航。在面对强权和不公时，柯凌汉没有选择退缩，而是再度发扬他在学术上敢为人先的精神，积极为正义奔波，是当之无愧的耆宿大贤。

普法小环节 关于“累犯”的确定是柯凌汉研究的内容之一，《中华人民共和国刑法》规定，所谓累犯，是指受过一定的刑罚处罚，刑罚执行完毕或者赦免以后，在法定期限内又犯被判处一定的刑罚之罪的罪犯。累犯分为一般累犯和特别累犯两种。一般累犯是指被判处有期徒刑以上刑罚的犯罪分子，刑罚执行完毕或者赦免以后，在5年以内再犯应当判处有期徒刑以上刑罚之罪的犯罪分子。特别累犯是指只要曾犯危害国家安全罪、恐怖活动罪、黑社会性质组织罪，任何时候再犯以上相同之罪的，都视为累犯。构成累犯，其前罪与后罪都应当是故意犯罪，且犯罪时都应满

① 柯凌汉：《刑事诉讼法修正中应行讨论的几个问题》，《福建学院院刊》1934年第3期。

18 周岁。对于累犯，按我国刑法规定应当从重处罚，且不得缓刑，不得假释。

七、法学家中的人大代表——李景禧

（一）人物生平

李景禧（1921—1995），字太弗，福州人。1933 年毕业于北平朝阳大学，后留学日本东京帝国大学法学部。回国后任中山文化教育馆副研究员，重庆《星渝日报》主笔，朝阳大学、福建学院法学教授、系主任。1944 年任《法律评论》主编。1950 年参加民革和民盟，任厦门大学教授兼国家与法权基础教育研究主任。主要研究民法学、中国消费者保护的立法问题等。主要著有《法学通论》《法学教程》《中国法学论文索引》《封锁海岸与对策》《抗战必胜论》《中国消费者权益保护法研究》《我国民法需要建立消灭时效制度》等图书或文章。

（二）法治贡献

1. 建立时效制度的倡导者

李景禧作为近代民法学家，对我国的法治事业做出了极大贡献。针对我国的时效制度，他曾在《我国民法需要建立消灭时效制度》中指出："无论是从时效制度自身的历史沿革、发展趋势来看，还是从民法各种法律制度之间的协调适用上看，或是从我国民事立法和民事司法工作的实践来看，取得时效都已经丧失其存在的必要了，而在完善各项民事法律制度的同时，建立一个以消灭时效为内容的一元化的民法时效制度，则是十分必要。"[①] 文中其从不动产、动产及其他财产权的时效制度，以及我国的法制史现状和立法实践来论证消灭时效的重要性。这种论证方法既能全面地阐述该制度，又能清晰明了地论证其观点，对今天的研究仍有借鉴价值。李景禧强调随着时代的发展，取得时效已经没有存在的必要了，当务之急是建立消灭时效制度。

① 李景禧，李连宁：《我国民法需要建立消灭时效制度》，《中国法学》1985 年第 2 期。

2. 消费者保护法的先行者

改革开放初期，我国还未建立消费者保护法制度，为了推动立法进程，保护消费者的合法权益，李景禧与弟子柳经纬先后发表了《消费者保护法的对象和特征》《我国保护消费者立法问题刍议》等多篇论文，对消费者保护法有关问题进行论证和阐述，他认为：“我国正处于社会主义初级阶段。发展社会主义商品经济，建立商品经济新秩序，是我们的一项基本任务。倡导保护消费者的合法权益，杜绝损害消费者权益的不法行为，有利于商品经济新秩序的建立。因此，加强对消费者保护法的理论研究，建立消费者保护法学，不仅具有理论意义，而且更具有现实意义。”[①]文中除了对建立消费者保护法的必要性进行阐述，还论述了消费者保护法的对象和特征。此外，他还强调，在制定消费者保护法时，应该在充分考虑本国国情的基础上，吸收外国的有益经验，这样制定出来的法律才具有生机和活力。李景禧的这些论断不仅为消费者保护法的制定搭建了清晰的蓝图，而且还对不断完善该制度提供了明确的方向。

3. 心系法治的全国人大代表

李景禧是一位为人民发声的法学家，其作为一名全国人大代表，始终心系人民。他生前有一个宝贝箱子，里面足足收藏了1200封的群众来信。民革厦门市委原副主委叶幼瑜每次到他家时总看到他在读信，就与他开玩笑：“您家人都在身边，哪来那么多信啊？”李景禧总是笑呵呵地回答：“我是人民的代表，不能不读人民的来信啊！”他写了一首自嘲诗：“寒斋夜诵千家信，半是民间疾苦声。十年愧为‘代言士’，一枝一叶难关情。”[②]在担任人大代表期间，他先后提出了制定《冤案赔偿法》《公司法》《票据法》《海商法》等议案，这些议案在改革开放初期无疑是具有前瞻性的。

（三）人物总结

李景禧的一生中拥有多重身份，作为学贯中西的民法学家，他在我国法治事业的发展进程中贡献了自己的光和热，他曾对我国的时效制度进行深刻探讨，也对我国制定《消费者权益保护法》指明了方向。他对物权行

① 李景禧，柳经纬：《消费者保护法的对象和特征》，《厦门大学学报（哲学社会科学版）》1989年第1期。

② 田岚岚：《在大法之中做天地文章》，《政协天地》2012年第4期。

为也颇有研究，他认为：“物权行为，是以物权之设定、转移、变更、消灭为目的的法律行为。”[①] 作为一名全国人大代表，他心系人民，时时刻刻想着为人民服务。作为一名法学老师，他学识渊博，理论水平深厚，不仅熟知各国的民法典，而且还具有独到的见解，培养了大批高质量的法律人才。

普法小环节 诉讼时效是指民事权利受到侵害的权利人在法定的时效期内不行使权利，当时效期届满时，债务人获得诉讼时效抗辩权。在法律规定的诉讼时效期内，权利人提出请求的，人民法院就强制义务人履行所承担的义务。而在法定的诉讼时效期届满之后，权利人行使请求权的，人民法院就不再予以保护。值得注意的是，诉讼时效届满后，义务人虽可拒绝履行其义务，权利人请求权的行使权发生障碍，权利本身及请求权并不消灭。当事人超过诉讼时效后起诉的，人民法院应当受理。《民法典》第一百八十八条规定，向人民法院请求保护民事权利的诉讼时效期为三年。法律另有规定的，依照其规定。诉讼时效期自权利人知道或者应当知道权利受到损害以及义务人之日起计算。法律另有规定的，依照其规定。但是自权利受到损害之日起超过二十年的，人民法院不予保护；有特殊情况的，人民法院可以根据权利人的申请决定延长。

八、宪法学的泰山北斗——吴家麟

（一）人物生平

吴家麟（1926—2017），福州人。1947 年考入北京大学法学系，师从张志让教授，学习宪法，并组织了学生宪法学研究讨论小组，研究国外先进的宪法制度。毕业后进入人民大学进行研究生学习，同时担任人民大学法律系老师。1954 年，为了第一部宪法的宣传和教育，他撰写了《宪法基本知识讲话》册子，深受读者喜爱。1961 年到宁夏，担任宁夏大学讲师。“文化大革命”结束后，出任宁夏大学副校长，1983 年担任校长。此

① 李景禧：《物权行为论》，《法律评论》1931 年第 14—15 期。

外，他还担任过中国法律逻辑研究会会长、中国宪法学研究会副总干事、中国高教学会理事、中国法学会理事、中国政法学会理事、中国逻辑学会理事、宁夏法学会名誉会长、宁夏高教学会名誉会长、宁夏写作学会会长。在宁夏的30多年里，他曾主持编写《宪法学》《法律逻辑学》这两本司法部首批法律教材。还编写了《中国大百科全书法学卷》《故事里的逻辑》《破案审案与逻辑》《吴家麟自选集》等，并发表了《关于民主的几个问题》《我国法学为什么落后？》《论我国新宪法的科学性》《论新宪法实施的保障》《宪法至上是建设社会主义法治国家的关键——为宪法颁布15周年而作》《宪法至上是建设法治国家之关键》等文章。

（二）法治贡献

1. 促进宪法的宣传与教育

吴家麟作为我国近现代的宪法学家，对我国宪法学的发展和完善做出了杰出贡献。他编写的《宪法学》是我国首批法律教材，书中详细阐述了宪法的基本概念及国家和公民的基本权利义务。该书逻辑清楚，体系严谨，是我国宪法学教材的典范。1982年新宪法颁布后，吴家麟发表了《论我国新宪法的科学性》一文，认为新宪法把阶级性同科学性有机地完美地统一了起来。此外，他在《论新宪法实施的保障》中提到新宪法实施的保障至少包括宪法本身的保障、普通立法的保障、党和人民的监督和深远持久的法制宣传四个方面[①]。他在《宪法的实施需要哪些保障——为我国现行宪法颁布五周年而作》一文中也提及要进一步贯彻执行现行宪法，需要落实法律保障、组织保障、政治保障、思想保障这四方面的保障措施。在宪法实施15周年之际，吴家麟发表了《宪法至上是建设社会主义法治国家的关键——为宪法颁布15周年而作》一文，认为法律至上是法治国家的关键，而宪法至上是法律至上原则的核心。在我们国家，人民的地位是至高无上的，法律至上和宪法至上，正是人民至上在法律上的直接表现，因为宪法和法律都是人民的意志和利益的表现。既然人民是至高无上的，那么宪法和法律理所当然地也应该是至高无上的。[②] 该论断直接体现了宪法对

① 吴家麟：《论新宪法实施的保障》，《河北法学》1983年第1期。

② 吴家麟：《宪法至上是建设社会主义法治国家的关键——为宪法颁布15周年而作》，《福建法学》1998年第1期。

于法治国家的重要性。

2. 重视法律逻辑学

吴家麟除了在宪法学方面成就斐然，在逻辑学方面也颇有成就。为了适应法学教育发展的需要，1982 年，他主编了我国第一部《法律逻辑学》。该书对法律逻辑学这门学科的基本原理、基础知识进行了详细阐述和介绍，对侦查、检察、审判中的逻辑问题进行详细系统地分析，为我国法学研究和法律工作实践提供了重要的方法。吴家麟认为，逻辑对法学研究和工作具有重要意义，学好逻辑学有助于提高论证能力，善于讲道理和揭露种种逻辑错误；有助于提高推理能力，善于从已知推出未知，做到主观符合于客观，以保证办案质量；有助于提高表达能力，使说话和写文章具有条理性。① 他认为建立和发展法律逻辑学是必要的也是必然的，在《建立法律逻辑学的必要性及其研究内容和方法》一文中，他认为法律是统治阶级意志的表现和人们行为的准则，既然法律具有人人必须遵守的强制性，那么，体现在法律条文中的法律规范就必须具有明确性。另外，单个法律文件也好，编纂起来的法典也好，都要求逻辑结构的严密性和系统性。如果法律用语含义不清楚，前后不一致，条文本身或条文之间自相矛盾，法律或法典不成系统，层次不清，结构混乱，那就会降低法律的权威性，甚至会使人们感到无所适从。②

（三）人物总结

吴家麟是我国宪法学界的泰斗，他主编的《宪法学》成为我国首批法律教材，是宪法学教材的典范。此外，他还对我国 1982 年宪法的制定提出了许多真知灼见，认为我国有必要建立宪法监督机构。除了宪法领域外，他在法律逻辑学方面也颇有建树，他主编的《法律逻辑学》成为我国法律研究的模板，为日后逻辑学的研究提供了大量的素材。吴家麟一生都以促进民主和法治事业的发展为己任，他的一生就如同他的座右铭一般："认认真真，清白做人；无私则勇，无欲则刚；独立思考，不平则鸣；正直坦诚，开朗达观；逆境不馁，顺境不骄；生命不息，治学不止。"

① 吴家麟：《法律逻辑学》，群众出版社 1988 年版，第 13—15 页。

② 吴家麟：《建立法律逻辑学的必要性及其研究内容和方法》，《福建论坛》1982 年第 5 期。

普法小环节　宪法是我国的根本大法，具有最高法律效力。中华人民共和国成立后，曾于 1954 年 9 月 20 日、1975 年 1 月 17 日、1978 年 3 月 5 日和 1982 年 12 月 4 日通过 4 个宪法，现行宪法为 1982 年宪法，并历经 1988 年、1993 年、1999 年、2004 年、2018 年 5 次修订。宪法是我国治国安邦的总章程，是保持国家统一、民族团结、经济发展、社会进步和长治久安的法律基础，是中国共产党执政兴国、团结带领全国各族人民建设中国特色社会主义的法律保证。

第二章
闽都法治事件述评

福州作为一座历史名城，有着厚重的历史文化底蕴。在这座城市的发展进程中，无数仁人志士留下了自己的历史印记，为这座城市的法治建设添砖加瓦。一个个法治事件的发生，一步步地推动着福州的法治进程，彰显着福州独特的法治精神，铸就着福州灿烂的法治文化。汲取福州法治事件中所蕴含的传统法律文化精华，将其融入现代法治理念、法治精神，实现福州传统法治精神与现代法治精神的完美结合，是进一步推动福州法治建设的重要举措。

第一节　闽都人物之重大法治事件

一、闽都法治精神之：崇法尚德

（一）林鼎章审判程月贞案

1. 事件背景

在中国传统的夫妻财产制度上，没有妻子个人财产之说，也没有财产契约的说法。在一个家族中，所有财产均由家长来支配，在夫妻财产上，则是由丈夫来支配，妻子在家庭中没有独立的财产权。宣统三年（1911年）《大清民律草案·亲属编》第一次以立法的形式明确规定了妻子具有个人财产权，并且规定对于夫妻财产的划分，可以采用契约制度，夫妻于成婚前关于财产有特别契约者从其契约。这一婚姻家庭立法草案还赋予了妻子拥有特有财产的权利，规定妻子成婚时所有之财产及成婚后所得之财产为其特有财产。按照相关认定，妻子成婚时的财产，是指女方出嫁时所携带来的妆奁、衣饰、器具等财物；成婚后所得的财产，是指妻子在出嫁之后因赠与或劳动而得的财产。妻子享有个人财产的权利，首先打破了私有财产为男子所独占的局面，妻子开始拥有了自己独立的个人财产权。夫妻离婚后，妻子的财产归于妻子本人所有。虽然根据法律规定，丈夫对妻子财产仍然有着管理权和使用收益等权利，但上述规定依然是一个巨大的进步。到了民国初期，上述规定得以保留，并在司法实践中开始得以反映和体现。1930 年颁行的正式《民法·亲属编》专门规定了夫妻财产制，同样是实行法定财产制和约定财产制两种财产制度。约定财产制为男女双方成婚时所做出的财产契约，这一财产契约夫妇须于成婚时向主管机关登记，同时规定："夫妻未以契约订立夫妻财产制者，除依本法另有规定外，以法定财产制为其夫妻财产制。"

2. 事件过程

清末，太监张静轩娶了程月贞。程月贞本是江苏名妓，张静轩娶程月贞的时候，程月贞已经不复当年风光。当张静轩提出要娶她时，程月贞当即答应了。程月贞进了张静轩的家门后，才知道张静轩已经有老婆，可就是这样，程月贞还是打算跟张静轩过下去。但不久程月贞便后悔了。张静轩虽然是个太监，但他却特别要面子，特别大男子主义，不管什么时候都容不得程月贞反抗，尤其是有外人在场的时候。而程月贞这个人却偏偏反叛心理很强，所以张静轩生气之时就经常揍她，弄得两人的关系越来越僵。打打闹闹中，两个人过了两年多，从前清一直打到了民国。

在民国，时代已经不同了，男女都一样，可太监张静轩不认这个理，还是我行我素。唯一不同的是，大清皇帝退位，宫廷里的太监也跟着失业。张静轩因为手里颇有些积蓄，摇身一变，成了一个商人，小日子过得照样红火。程月贞本对富足的生活感到很满意，但是张静轩的大男子主义和时不时的殴打让她越发难以忍受。随着女性解放、男女平等的思想普及，程月贞开始向不人道的太监婚姻发起挑战。有一次，张静轩与程月贞又发生了口角，程月贞被打得遍体鳞伤。于是，等张静轩一出门，她立刻收拾细软，逃走了。程月贞没娘家可去，只好暂时躲到了一个先前的姐妹家里。张静轩派人到处寻找，找到了程月贞的去处。他让人给程月贞带话，只要程月贞能退回她的身价银，把拿去的东西还回来，他就由着她去。程月贞没有钱还他，也不想退回那些东西，便一纸诉状把张静轩告上了法庭。

程月贞的法律意识浓烈，请人写的状子条理分明，提出的离婚理由有三：张静轩是一个太监；张静轩故乡有妻，他现在犯有重婚之罪；自己被张静轩虐待不堪。这个状子送到地方审判厅，立刻就被受理，主持审判的就是审判厅推事林鼎章。

张静轩和程月贞被传唤到庭后，林鼎章首先根据程月贞的诉状，对程月贞说："按照法律，夫妻结婚以后，知道有可以离婚的理由，而结婚一年以内不上诉，就不得再起诉，你现在跟张静轩已结婚二年多，因此你诉状中提出的前两个理由已经不能成立。至于第三条，你说张静轩虐待你，则必须有事实上的证明。"程月贞回答说："他那天打我，我身上是有伤痕的，可现在过去了这么些天，那些伤痕已经没有了。"

林鼎章又问："那你现在一定要跟张静轩离婚吗？"程月贞点头称是。本着民事调解的精神，林鼎章劝解道："如果我叫他以后不再打你，你愿不愿意不离婚？"程月贞还是说不愿。林鼎章了解了程月贞的态度之后，遂再将张静轩叫上来，问他的意思，结果张静轩也是坚决同意离婚。

这事看起来是很好办了，但张静轩这时却又提出了问题，他说："离婚是必然要离婚的，但请大人务必将我所出的身价银和程月贞卷去的东西追回来。"林鼎章听后立刻予以反驳，他说："凡是人身，不得为所有权目的物，这在前清就早已悬为厉禁，何况民国！这一笔身价银岂容有要偿之权！"张静轩慌忙又改口，说那不是身价银，是代程月贞所还的债务，结果林鼎章又驳斥道："你因为肯帮程月贞还债，她才会嫁给你，那么按照中国一向的习惯，夫妇的财产并无分别，在婚姻成立后，债权债务的主体，就已经合并为一了，权义也就消灭了，你们从前既然没有特定的契约，此时岂容有此项主张！"张静轩一时没了话说。

林鼎章又来问程月贞临走的时候可曾拿走张静轩的财物，程月贞回答说只拿走了她自己随身的衣物首饰。可张静轩当场指出，程月贞拿走了他二百五十八圆银洋。这本来是可以抵赖的事，但程月贞还是承认了，足见其还算厚道。她声称是怕走后生活无着，不得已才带走了这些钱。张静轩当即要求堂上判程月贞归还，否则就不同意离婚。

就这一点，林鼎章说道："离婚是关于公益的，还债仅关于私益的事项，如果为了钱债的缘故，就拘束她本人的离婚自由，那也是不合法的！”但是林鼎章又表示如果程月贞真拿走了张静轩的钱，他一定帮他追回。于是林鼎章再问程月贞这笔钱能不能还。程月贞现在不用归还身价银已是大欢喜，又怕离不了婚，哪敢再说别的，立刻表示同意。

到此，案件审理已经基本完成。三天后，审判厅将张静轩、程月贞再次传唤到庭，由林鼎章当庭宣判。至此，民国初期的这桩离奇离婚案便算尘埃落定。

3. 评析

民国初期，在新文化运动的推动下，民主与科学观念得到了广泛传播，男女平等与婚姻自由等理念也由此萌生并逐渐深入人心，而该案例则明显体现出这一点。该事件也直接体现了崇法尚德的法律精神，福州法治人物林鼎章注重新道德、推崇人人平等的法律思想对于后世产生了深远的影响。

普法小环节 中华人民共和国成立以来，我国婚姻家庭的立法理念从强调管制发展为尊重私权，注重保护公民的自由和自治权利，注重保障弱势一方和未成年子女的利益，强化法律救济和社会救助，完成了从简单粗糙到制度化、体系化的转变，加快了从形式平等到实质平等的变革。在立法实践上，婚姻家庭法经由以 1950 年《婚姻法》为标志的初创、60 年代中期至 70 年代末的停滞、以 1980 年《婚姻法》为标志的恢复和发展，至 90 年代逐渐形成了以《婚姻法》为主干的体系。现今，我国青年婚恋领域已经形成了以《宪法》为保障之本，以《民法典》《反家庭暴力法》《人口与计划生育法》《母婴保健法》为核心，以《未成年人保护法》《预防未成年人犯罪法》《残疾人保障法》《妇女权益保障法》《涉外民事关系法律适用法》等法律中有关婚恋的条款为重要来源，以行政法规、部门规章、司法解释、地方性法规为补充的婚恋法律体系。这些规定旨在为男女婚姻提供行动理由，促进婚姻领域的权益保护和发展进步。

（二）林鼎章审判项采芹案

1. 事件背景

清末法制变革以前的财产继承，均以被继承人的男性后裔为主。其中的法定继承人范围为被继承人的儿子及其后代，被继承人无男性后代的，法律也允许立嗣。被继承人夫妇死后无子孙，宋律已有命继之法，由其近亲代被继承人立嗣，这就导致了其旁系血亲很难继承。女子继承权方面，凡是涉及身份、地位、荣誉，均无权继承；财产方面，因其生存所需，故法律赋予其一定的继承权。与男子相比，其继承份额极少，出嫁女在有兄弟继承家产时，无权继承娘家的任何财产，只有在父家户绝，被继承人未立遗嘱，且无在室女继承时，才有一定的继承权。对于寡妻的继承权，首要的前提是夫死无子，寡妇守志不嫁，可承夫分产。至于规定旁系血亲享有一定的继承权，则主要是以限制寡妇的财产处分权为目的，或者出于保护祖业的目的。从这些规定可以看出，清末以前的继承制度关于继承权本质，并无明确的规定，从各朝代的继承制度观察，家族本位说居主导地位，虽然出现了死后抚养说，但并没有作为一项基本的立法理念遵守。直到1930年，中国第一部《民法》规定了女儿（包括出嫁的女儿）同样享有继承权，这种男女不平等的财产继承制度才被打破。[①]而同年出现的有关出嫁女子继承权问题的官司，成为该项继承权法规在天津付诸实施的第一例。

2. 事件过程

原告高项采芹（原名项采芹，嫁入高姓人家，故将夫家的姓氏加在本名之前），被告是原告的叔父项有年。

项采芹是家中的独女，其父项贺丰曾经当过县长。1926年，项贺丰与妻子先后病故，撇下一个不大不小的家业。

老人的丧事料理完毕后，便是财产如何继承分配的问题。按照项采芹的想法，自己作为家中唯一的子女，必然要继承父母留下的所有产业。但当她准备接受家产时，却发现家产的主人已变成叔父项有年。项采芹对此非常诧异。

① 白凯：《中国的妇女与财产：960—1949年》，上海书店出版社2003年版，第50—60页。

项有年此时拿出了凭证：项有年的次子项咸中在 1925 年过继给项贺丰，有项贺丰所立过继书为凭。按照宗族规矩，如果一家中没有男丁继承家产，同辈亲属中，可以将自己的儿子过继给没有男丁的那一家，过继的儿子就为这一家传宗接代，这就是所谓的“宗祧继承”。宗祧继承在继承了主人的姓氏的同时，也继承下这家的财产。

于是，项采芹起诉至河北省高等法院第一分院，第一审败诉，其律师又上诉至河北省最高法院。经历了半年多的上诉，1930 年 7 月 27 日，项采芹拿到了期盼已久的最终判决。

河北省最高法院的推事林鼎章、何蔚等人认定，被告人的次子项咸中是否已过继给项贺丰为嗣子，是本案中争论的关键；被告人提出的过继书，除说明双方的亲属关系外，一些证人都是被告人（项有年）的亲属，证人明显有利于被告一方，不得不令人生疑。况且，过继书上项贺丰签名的真伪也是一大疑点。不过项郭氏（项采芹的母亲）1925 年去世时，有“孝男咸中奉祀”的木主，如果说立项咸中为子，也不是没有可能。

听从律师劝告的项采芹在上诉时表明了自己的态度：父母所遗财产，仅请求与嗣子均分。也就是说，自己只要求分得父母一半的家产。项采芹的态度得到了推事们的认可，他们一致认定：上告人主张有承继财产权有据可查。原判援引《已嫁女子追溯财产施行细则》第一条第二项规定，驳斥上告人之诉，其法律上之见解，亦属错误。如认定项咸中曾过继给项贺丰为嗣子，有权承受项贺丰之遗产，而上告人为项贺丰之亲女，依现行律，亲女有权与嗣子均分遗产。也就是说，经历了半年多的官司，出嫁女终于要回了应该属于自己的那份财产继承权。

3. 评析

该案的判决将男女平等的观念提高了一大步，但由于当时文化观念和地域上的不同，出嫁女子要求继承权的案例多发生在大城市。而且，相当长的一段时间里，出嫁女与宗族亲属之间的宗祧继承官司，占了继承权官司中的绝大多数。也可以说，这也是向传统观念进行的挑战。

体现女子继承权的《民法》法规，借鉴了当时西方立法经验，打破宗祧继承，即是当时立法上最大的一个突破。民国民法的法定继承制度规定，同一顺序的继承人，不问男女或女已嫁与否，皆有继承权。这种男女平等的立法观念无疑已经突破了旧时以男性后裔为主要继承人的宗法社会的继承观念。

普法小环节 林鼎章的事例体现了“男女平等”的思想。在2000多年的传统社会，男尊女卑的思想根深蒂固，实现男女平等是所有深受压迫的中国女性的共同期盼。从五四运动开始至今，在中国共产党的领导下，中国男女平等运动蓬勃发展，取得了举世瞩目的成就。目前，我国已逐渐形成了以宪法为基础，以《民法典》《妇女权益保障法》为主体，包括100多部单行法律法规在内的保障妇女权益的法律体系，实现了法律意义上的人格平等。

（三）陈宝琛庚辰午门案

1. 事件背景

在古代，太监作为皇帝的奴仆，其独特的地位足以影响皇帝的决断。这种政治现象，一直为清流士大夫所不满，明朝特别是明朝后期，清流名士与太监斗争十分激烈。清朝借鉴了历史经验，在制度安排上削弱了太监的政治地位与作用，但未能从根本上加以摒弃。清朝著名的“庚辰午门案”便是典型的案件。其所讲的是小太监李三顺强闯午门而引发的一起案子，案情十分简单，但由于其中涉及慈禧太后而变得十分复杂。

2. 事件过程

光绪六年（1880年）中秋前夕，慈禧太后派遣小太监李三顺给身为醇亲王福晋的胞妹送去八盒食物。依照清廷惯例，太监出宫不能直走午门，而李三顺送物出宫时依仗慈禧之势，竟然不顾成规，直冲午门，“闯关”而去。护军玉林、祥福等人强加拦阻，双方发生争执，互相推搡中将食盒撞翻。李三顺恼羞成怒，丢弃食盒返回宫中，告御状于慈禧。慈禧大怒，不仅偏袒太监，还面谕刑部尚书潘祖荫，欲将玉林等人处以死刑。廷臣虽然多持异议，但慑于慈禧之威，谁也不敢公开表态。就在这关键时刻，身为翰林院左庶子的张之洞与翰林院右庶子陈宝琛同时上疏诤谏。陈宝琛直言此案处置失当，只有公正处理才能“群疑释然”。而张之洞的奏章则语气委婉，十分讲究策略，他先说本朝对宦官立有严加约束的“祖制”，接着列举宦官违法致使公务废弛的事例，然后力陈此种情形不可轻视，请求下旨申明有关禁令，对太监严加约束，唯有如此，才能显示“圣心之公，国法之平，天威之赫，晓然昭著于天下”。

慈禧看过两道折子，思虑再三，终于下旨从轻发落，对护军玉林、祥福等人处以杖责，或流放，或圈禁。同时，对李三顺“交慎刑司责打三十板，罚首领太监月银六个月”。一桩看似已成定局的案子，就这样在陈宝琛等人的上疏力争中出现转机，得以公平“落幕”。

3. 评析

古往今来，司法公正一直是法制建设的核心要素。陈宝琛顶住压力，为了还无辜之人一个公道专程找慈禧太后递请奏章，将一桩看似已成定局的案子重新推翻再审，帮助无辜的人获得应有的处理。在司法建设的路上，法律人都要秉持“法不阿贵，绳不挠曲”的精神，将平等与公正萦绕于心间。

普法小环节　我国《宪法》第三十三条第二款规定：“中华人民共和国公民在法律面前一律平等。”因此，在我国，任何公民的法律地位都建立在法定平等基础之上，不允许有任何只享受权利不承担义务或只承担义务不享受权利的公民，也不允许任何人有超越法律之上的特权。在现代社会，平等是一个政治、法律概念，指社会成员平等享有社会权益，包括经济、政治、文化、社会、生态权利，平等履行社会义务，人人依法享有平等参与、平等发展的权利，公民在法律面前一律平等。法律平等原则，主要指适用法律平等，是法治社会比较理想的生存状态，也是区别人治与法治社会的标志之一。法治社会贯穿最基本的原则就是人人平等，适用法律平等。平等否定传统社会的依附关系，是以人为本的民法核心价值展现，也是追求人格平等、人格自由、人格尊严的必然结果。关注平等不是为了追求绝对的公正，而是相对公正。关注平等体现自由，也非给予当事人绝对自由。

二、闽都法治精神之：求是致公

（一）陈若霖明断刑狱

1. 事件过程

云南开化府与越南国水尾州接壤，地属两国的边境地带。嘉庆二十年（1815 年），越南水尾州正目黄金珠纠合云南薛奉章残杀副州目李文政一家六口，开化府河口讯弁赵秉忠因收受黄金珠的贿赂，纵容包庇，并私自放走黄金珠等罪犯逃入云南，企图躲避追捕。越南政府无法越境进入中国缉拿凶犯归案，于是通过外交途径，要求云南地方官府予以协助。但当时的云南地方官员认为这是地方州目之间互相残杀的案件，不予配合，置之不理，致使案件搁置。陈若霖（字宗觐，号望坡，福建闽县人）到任云南巡抚后，认真翻阅旧牒，清理积案。当他看到此案的卷宗时，觉得这不是一般的案件，处理不好，恐会影响两国的友好关系。经过认真调查、核实，他认为此案搁置主要是赵秉忠收受贿赂、徇私舞弊、贪赃枉法而导致的。于是，他会同总督撤回赵秉忠，严令缉拿诸犯归案，并押解至中越边境斩首，传首水尾州，并下令整肃边防，不许任意出入边境。

2. 评析

陈若霖执法严明、刚正不阿，审理案件铁面无私，人称“陈青天”。任刑部尚书期间，传说他曾判处一个贝勒死刑，令人感佩之至。后人据此编演的闽剧《陈若霖斩皇子》，至今长演不衰。由此可见，弘扬正气、反腐倡廉确是陈若霖的为官之德。

普法小环节　“法令行则国治，法令弛则国乱。”建设法治中国，不仅要依赖科学立法，做到有法可依，更要坚持严格执法、公正执法，唯有如此，抽象的法律方能从纸面落到现实，方能赢得公众的广泛信仰，进而形成全民守法的良好氛围。坚持严格执法、公正司法，首先要求执法者坚守职业良知，坚守法治信仰。唯有从内心深处筑牢严格执法、公正司法的思想根基，才能真正把法作为第一遵循，才能肩扛公正天平、手持正义之剑，做到努力在每一起案件办理、每一个执法司法环节上都能体现公平正义。坚持严格执法、公正司法，仅执法者的自律和良知远远不够，还需要把执法司法权力装进制度的笼子里，针对容易发生执法不严、司法不公问题的重点领域和关键环节，完善执法制度，细化执法标准，规范执法程序，健全执法监督，坚持以管理科学化、执法信息化推动执法规范化，坚持以公开促公正、以透明保廉洁，构建决策科学、执行坚决、监督有力的执法司法权运行体系。

（二）叶在增审判日本战犯谷寿夫

1. 事件背景

1945 年，抗日战争取得胜利。战后，对日本战犯的审判，引起了国内外的广泛关注。

国民政府于 1945 年冬成立了战争罪犯处理委员会。1946 年 2 月 15 日，国防部审判战犯军事法庭在南京成立，法庭向东京远东盟军最高统帅部提出，将制造南京大屠杀的主犯和其他罪大恶极的战犯引渡到中国，接受中国对他们的审判。1946 年 8 月，战犯谷寿夫被押解至中国。

而在南京大审判中，作为审判谷寿夫案件的主审法官之一，便是来自福州的叶在增。

2. 事件过程

谷寿夫于 1946 年 2 月 2 日因战犯嫌疑在东京被驻日盟军总部逮捕，关押在巢鸭拘留所，因欠中国人民血债太多，中国点名要求引渡，于是在同年 8 月被引渡到中国，关押在国民政府国防部上海战犯拘留所。

被押解到中国后，谷寿夫先是矢口否认有南京大屠杀，把罪责推了个一干二净，更是表明自己根本不在现场。南京审判战犯军事法庭庭长石美瑜选择年轻法官叶在增来担任本次的主审法官。“这是一次世纪大审判。能为 30 万死难同胞开庭审判战犯，是我一生最荣幸的事。”作为一个中国人，能够有机会亲身参与审判日本战犯，叶在增心情非常激动。

开庭前，叶在增从调查取证着手，查看了多处屠杀现场遗址，开了 20 多个调查庭，找寻到 1000 多名中外证人。为了搜集日本战犯的罪证，他在南京奔波了两三个月，拿到了侵华日军为炫耀武功而拍摄的电影、写的日记以及当时的报刊和中外有关书籍。

1946年12月31日，南京审判战犯军事法庭检察官陈光虞以战犯谷寿夫破坏和平罪和违反人道罪正式起诉。1947年2月6日，南京审判战犯军事法庭对南京大屠杀首犯、侵华日军第六师团长谷寿夫开庭公审。

法庭上，面对指证，谷寿夫依然不认罪，叶在增举起手中的一本《南京安全区档案》反驳，还命法警抬出两个麻袋，从中取出一具具人头骨，摆放在离谷寿夫三步远的桌上，触目惊心。面对白骨，谷寿夫终于哑口无言。

审判结束，叶在增亲自拟定判决书，咬牙含泪书写6000多字。3月10日，南京审判战犯军事法庭对战犯谷寿夫进行了宣判。也正是在这份判决书中，确定了日军在南京屠杀30万同胞这一数字。

1947年4月26日中午，谷寿夫被押往雨花台刑场行刑，沿途10多万民众无不拍手称快。

3. 评析

抗日战争结束后，审判日本战犯谷寿夫的过程中，法官叶在增亲历现场调查取证，掌握大量第一手材料，真实、详尽地还原日军在南京大屠杀的惨案真相，事不避难，无惧邪恶，以确凿的证据进行公正审判，用正义将战犯绳之以法，真正做到了以事实为依据，以法律为准绳。叶在增的身上，体现出的是一种身为中国人的民族尊严、一种身为法律人的高度责任感。

南京审判战犯军事法庭对日本战犯的审判，具有不容置疑的正义性和权威性。它和东京远东国际军事法庭对日本战犯的审判一道，对日本军国主义政府发动侵华战争、制造南京大屠杀等暴行，进行了认真清算，用法律的形式，将日本法西斯战犯永远钉在了历史的耻辱柱上。南京审判维护了国家利益和民族尊严，彰显了国际正义的价值与和平的理念，顺应了世界潮流，符合人民的意愿。

普法小环节 抗战胜利后，国民政府成立战争罪犯处理委员会和各地军事法庭，逮捕、审判和惩处了一批罪大恶极的日本战犯，一定程度上为惨遭日本侵略者虐杀的死难同胞找回了公道，洗刷了近代中国人的百年

耻辱。中华人民共和国成立后，中国政府对战争罪犯的改造和教育，体现出了人道主义的精神。

（三）石美瑜审判案例

1. 事件背景

1937 年 12 月 13 日南京沦陷后，侵华日军于南京及附近地区进行了长达 6 周的有组织、有计划、有预谋的大屠杀，超过 30 万平民及战俘被杀害，无数家庭支离破碎。南京大屠杀是侵华日军公然违反国际条约，最有代表性的、最残忍的暴行之一。审判侵华主要元凶酒井隆、谷寿夫、川岛芳子案，由出生于福建闽侯、时任南京审判战犯军事法庭庭长的石美瑜担任审判长。

2. 事件过程

酒井隆，日本陆军中将，毕业于日本陆军士官学校和日本陆军大学，曾制造济南惨案。1941 年 12 月，酒井隆率军攻占香港，后任香港总督多年，他大肆屠杀英国俘虏，残杀妇孺。1945 年抗战胜利后被国民政府逮捕。

日本战败之后，香港有关方面提供线索，中国军队在广东逮捕了酒井隆，缉拿到南京审判战犯军事法庭。英国政府曾派员到南京交涉，要求引渡酒井隆，说："这是我们英国的罪犯，应当移到伦敦审判。"英国政府希望亲审酒井隆。

按二战结束后战胜国签订的国际协定，战犯应在东京、南京及纽伦堡审判，因而国民政府不同意引渡。英国政府又派法官前来交涉。石美瑜以军事法庭庭长的身份接待英国法官，最后，石美瑜同意英国派 12 名法官来"观审"。经过周密的收集调查取证，1946 年 8 月 27 日，石美瑜宣判酒井隆死刑，9 月 13 日，酒井隆在南京雨花台被枪决。英国 12 位观审员看过石美瑜主笔的判决书英文译本后，十分满意，要求将判决书全文陈列于伦敦大英图书馆，作为英日战史的重要文献。

石美瑜的另一具有代表性的案件便是审判川岛芳子。川岛芳子同时作为东京远东国际军事法庭审判日军情报首脑土肥原贤二的犯罪证据，石美瑜为顺利取得口供，对她生活上给予优待，拘禁在看守所中。经过石美瑜长达数月的技巧盘话，川岛芳子才俯首承认曾受土肥原贤二驱策，来华活动。川岛芳子阴险鬼诈，她为她的国籍处心积虑并设法规避，以为“中国人”会受宽待，便承认自己是中国人，并接受侦讯。但事实上，中国人有这些行为将会被作为汉奸论罪，日本人则以战犯论罪。最后，川岛芳子作为汉奸移交河北高等法院审判，1947 年 10 月 22 日被判处死刑，1948 年 3 月 25 日被执行。[①]

3. 评析

抗日战争胜利后，石美瑜曾经在中国名噪一时。当时，他被任命为国民政府国防部审判战犯军事法庭庭长，肩负着对日军战犯进行历史审判的重大责任。在随后两年多的时间里，他共办案 52 件。其中最著名的有主审罪大恶极的日军战犯谷寿夫、酒井隆；对令人发指的“百人斩”杀人竞赛者向井敏明、野田毅以及田中军吉进行审判，并使之伏法。此外，如今海内外记述南京大屠杀的相关资料以及相关爱国主义教材的内容，大部分也是在他手上搜集和整理的。他的审判技巧娴熟，手段独特，使对手不得不低头认罪；他的判词文笔犀利，被誉为“刀笔精华”，收入英、美等国博物馆，成为经典的历史文献。

南京大屠杀是我们永远无法忘记的痛，它剥夺了 30 万中国人民的性命。勿忘国耻，铭记历史！当一个国家树立起了公平与正义之旗，建立起完善的法治制度和法治体系之时，我们才能不断地发展与壮大，不断地在困难与发展之中前行。

普法小环节 汉奸，大多情况下泛指背叛中华民族，投靠侵略者，充当其走狗，出卖中国的国家和民族利益的败类，也即通敌或叛国的中国人。例如抗日战争时期中国出现了大量为日本人卖命的汉奸伪军。《中华人民共和国刑法》第一百零二条规定，勾结外国，危害中华人民共和国的主权、领土完整和安全的，处无期徒刑或者十年以上有期徒刑。与境外机构、组织、个人相勾结，犯前款罪的，依照前款的规定处罚。

① 黄慧英：《石美瑜的法官生涯》，《民国春秋》2000 年第 5 期。

（四）翁敬棠检举二总长

1. 事件背景

1921 年，中国与法国、比利时、意大利之间发生了一件迁延近 3 年之久的外交悬案，即“金法郎案”。在这场旷日持久的案件中，福州人翁敬棠为国家命脉忧虑，不仅以倡导法治是务，益且以砥砺名节为先，不畏强权，为维护民族利益极尽检举之义务。

2. 事件过程

1900 年，八国联军侵华，清廷被迫签订《辛丑条约》，赔偿各国共计白银 4.5 亿两，年息 4 分，分 39 年还清，本息合计白银 9.8 亿两。1905 年后，中国偿付法、比、意三国的部分庚子赔款是以法郎计价，按电汇当天法郎开盘行情拨付。而在 1917 年 8 月中国对德宣战后，英、法、意、比、日、葡、俄 7 国同意段祺瑞政府将庚子赔款缓付 5 年。到 1922 年 11 月底，赔款缓付期限将到，但当时法郎严重贬值，如果沿用 1905 年的汇兑办法，中国只需付给常年一半有余的银两即可。为此，法、意、比三国提出，庚款本属于金债务，继续支付的债务不能以贬值法郎支付，应该按赔款当时的比价折成金元（美元或英镑）支付，并且授意经理该国赔款的银行也拒绝接受法郎。但北洋政府认为这种赔付办法在道理上说不通，且认为“我国所欠外债大多以金为本位”，一旦对于庚子赔款准许其按赔款当时的比价折成金元支付，就会影响到其他赔款，赔款数额将会剧增。为了逼迫北洋政府就范，法、意、比三国以拒绝批准华盛顿九国关税条约相要挟，拒绝收受庚款。为了窃取最大利益，英、美、日、荷、西等国政府也在背后支持他们的无理要求。

迫于形势，1923 年 2 月 9 日，北洋政府特别国务决议以金法郎计价偿付赔款。一时间，全国舆论大哗。但北洋政府国会讨论时，众议院对此予以否认。之后，法国虽然屡次要求以金法郎偿付赔款，皆因北洋军阀政权嬗变、无人受理而不能如愿。当时法国以中国政府没有从速解决的诚意为由，扣留了中国的关余、盐余等巨额款项。

1924 年 10 月，北京发生政变，军阀段祺瑞执政，财政支出捉襟见肘，迫切希望收回这些税款用来弥补行政开支和筹措军费。1925 年 4 月，段祺瑞政府与法国公使达成协定：中国政府承认法国的庚款余额，一律折合美金。金法郎案至此得以解决。之后意、比两国也照例办理，于 1925 年 9 月 10 日分别签订协定。协定签订之后，时任司法总长的章士钊风闻地方检察官杨士毅等在公开会议上对他颇有微词，议论说当段祺瑞政府与法国公使谋划解决金法郎案时，司法部得到了十余万金法郎涉案赃款，被章士钊拿到天津私用。另外，还有舆论传说负责此案签字的外交总长沈瑞麟、负责实际办理的财政总长李思浩，收了法国贿赂，与之朋比为奸。章士钊为此上呈段政府请求总检察厅切实查察。政府迫于舆论，批交总检察厅查办，由时任检察官的翁敬棠负责主办。翁敬棠对此损权辱国的协定极为愤慨，决心对此进行独立调查。翁敬棠随即调查卷宗，搜集证据。

经过 4 个月的翔实调查，翁敬棠认为：该款属于赔款性质，不应该做出有利于法国方面的决定。如果按照金法郎偿付，只是偿还法国的庚款部分，中国国库就将损失 8000 余万元，如果再加上意大利、比利时等国援例要求的金额，中国损失将达近 1.3 亿元。为此，他认为，当时办理金法郎案的外交总长沈瑞麟、财政总长李思浩，已经构成了刑律第 108 条的外患罪。掌握到确凿数据和翔实资料的翁敬棠决定检举沈瑞麟、李思浩。为此他写了长达 9000 字的检举理由书。同时，为了防止泄露机密，他躲藏在厕所里拴起门来，花了数天时间，秘密写成了 5 万余字的检举书，详细列举了沈瑞麟、李思浩的罪证，并分别亲自投递给各大报馆和总检察长汪羲之。该报告首先指出，中法金法郎协定使“国家损失不下八千万元，所受不利之数额，已堪咋舌，况因法国部分解决，意比西三国援例用求，则损失不尤可惊耶”，据此，报告书断定这是一个不利中国之条约。其次，翁敬棠在报告书中强调，从这个协定中得到实际好处的，主要是“中法实业银行及该行之远东存户”；而这批存款户中，仅有少数中国人，“与人民全体无涉”；尤其是“该行股东及存户，均有一部分为外国人民”，因此可以认定，这个协议是“因图利自己或他人或外国而故意协定”的。另外，他还附上一份呈文，“为国家命脉计，为司法威严计”，请司法部迅速采取行动，承办此案，依法追究沈瑞麟、李思浩的责任，按律治罪，以章明法纪。为了防止沈瑞麟、李思浩闻风逃匿，或者湮灭及伪造证据，他还建议应该先迅速将两人拘捕。10 月 2 日，翁敬棠提交了该份检举书。总检察长汪羲之收到该呈后非常惊骇，要召见翁敬棠询问事情原委，而翁敬棠怕因此遭遇不测，早已请假离京，到天津躲避风险。

第二天，民国各大报纸均以醒目的标题披露翁敬棠检举书所揭发的内容。全国为之轰动，民众哗然，纷纷抨击段祺瑞政府。

翁敬棠检举两名现任政府总长之后，一时朝野均为之震动。

舆论界一方面要求将金法郎案一切经过情形尽量地宣示以释外界之疑，反对对检举人的人身攻击，另一方面强调政治问题与法律问题的不同，反对“不论什么事情，都被牵入政治的旋涡中”。

在舆论的压力下，10月下旬司法部令行总检察厅，饬令北京高等检察厅从事此案的侦查。然而迁延数月，于1926年3月6日，宣布对李思浩、沈瑞麟等人不予起诉。

翁敬棠不同意如此处分，于是详细列具再议理由书，依法申请再议。司法总长批复“依法办理”，仍交北京高检厅。该厅以翁敬棠并非原告为理由，呈请总检察长驳斥再议的要求，总检察长遂依照该厅的意见，将此案了结。

翁敬棠于是在报纸上发表文章，彻底揭露全案内幕。他指责北京高检厅“上下其手”，包庇政府官员，“竟下不起诉处分”，又违背司法程序，“使被告经一次处分即可脱然无累”，免受检察厅的再次侦查和法院的审判。最后，他愤然表示：“吾国财政败坏久矣，而司法机关威信，复缘此而失坠无余，不尤令人扼腕叹息耶？”

3. 评析

翁敬棠身为检察官，为了国家与人民的利益，不畏强权，对金法郎案展开4个多月彻底而又缜密的调查。他不顾个人安危，顶住政府当局施加的压力，敢于行使检察权，公开弹劾当局高官，以自己的行动捍卫了司法尊严与司法独立，无不展现出其刚正不阿的民族气节，展现了法律人的秉公任直、铁面无私。

普法小环节　检察官乃法国为破除纠问制度并改革刑事诉讼的近代发明，随即传播至大陆法系及英美法系国家，并且辗转流传到亚洲各国。清末修律时通过日本而辗转仿效欧陆而始设检察厅，“检察官”一词便是

经由日本移植而来，后北洋政府仍沿用清末检察制度，在各级审判机构中设立独立的检察厅即审检合署，行使公诉职能和诉讼监督职能。检察机关职权范围虽经历数次调整，但“国家的法律监督机关”的定位稳固。中国特色社会主义进入新时代，检察机关要在日新月异的时代浪潮中赢得主动，要在法治腾飞的宏伟进程中砥砺前行，必须始终坚持以习近平法治思想为引领，保持和发扬知古鉴今、与时俱进的理论品格，以更宽广的视角、更长远的眼光、更有力的担当来思考和把握新时代检察机关法律监督工作。

三、闽都法治精神之：敢为人先

（一）陈宝琛之整饬吏治主张

1. 事件背景

晚清时期，中国内忧外患不断加深，陈宝琛对此忧心忡忡，疾呼朝廷变革自强、挽救社会危机，并指出变革之要，吏治为先。身在官场的他认识到中国现阶段最大的问题就是吏治腐败，并缕述官僚队伍腐败的危害，“民生日蹙，民气日刁，讼狱日繁，钱漕日疲，厘税日绌”，如果不整顿吏治，将后患无穷。

2. 事件过程

陈宝琛主张要实现自强，首先要治理内政、整顿吏治，“自强之道，吏治为先；转移之机，彰瘅为亟”。为推行“吏治为先”的思想，陈宝琛提出整顿吏治的一些具体策略和措施。

首先，整肃监察制度，充分发挥其弹劾纠察百官的职能。陈宝琛深信在现有的政治体制下加强和完善监察制度，可以达到澄清吏治、实现自强的目的。为此，他将监察制度与国家命运相联系，“一代兴亡，其系于辅臣与谏官也”。光绪七年（1881 年），他向朝廷上奏《星变陈言折》，提出整顿吏治首先应当整顿监察制度，充分发挥台谏官的监察功能，强调“国家设台谏，将以知政事之阙失、祛臣下之壅蔽”。他认为正人首先要正己，欲整肃监察制度，当务之急就是慎选台谏主官，“是在慎择乎台长矣”。从历代统治经验看，不畏权贵、清廉自洁、刚正不阿是监察官的基本品格要求，台谏主官更应是这方面的表率，以上率下。而那些丧失基本职责和操守的监察主官就应即行罢黜或让其退位，用公正清廉、忠厚刚直之人取而代之，唯有如此才能统率台僚，监察体系才能上行下效，监察官才会勇于履行职责，“激扬台谏”，真正行使“风宪”之职。

其次，加强考课制度，实现其激劝官吏的最佳功效。考课制度是中国古代职官制度的重要组成部分，历代最高统治者多以此作为主要手段对文武官僚进行管理和控制。然而到清中后期，考课制度弊端丛生，嘉庆、道光以后，“计典一循旧例，督、抚奉行故事，鲜克振刷”。因此出现了许多举劾不严、举多劾少的情况，制度逐步沦为形式。面对考课制度的衰靡之势，陈宝琛一方面痛陈该制度存在的考核不实、徇私舞弊等积弊，“近今察典亦稍弛矣，得议叙者，其人可以揣知，其数亦可以约计，而昏庸阘茸、不协舆论者，供职如故。所罢黜者，不过年老衰迈二三人而已”；另一方面，他又强调考课制度乃“治世之良规、驭才之宏矩”，是国家澄清吏治的重要手段。为此他上陈朝廷要求整肃、加强官吏考课制度，在此基础上，评定政绩，严格根据“进退人才，全凭功过”的原则赏罚大臣，“才贤者予以特褒，庸冗者不使幸免”。光绪七年（1881 年），他在《论崇礼旷职辜恩请予惩处折》中建议对于步军统领崇礼等旷玩之员应当“严加惩创”，而在《请明功罪以示劝惩折》中对在与俄国交涉中有功之臣曾纪泽、为朝廷“废寝忘食，竭思效忠”的张之洞等人则大加赞赏，认为朝廷对他们宜优加奖掖，“破格登擢”。唯其如此，才能增强考课效果，整肃官场风气。“上位皆正直之臣而举劾公，大臣之举劾公，则庶僚绝幸进之阶而贤能众，故虽朝野清明，中外无事，终不敢视扬激为虚文”，从而起到刷新吏治的效果。

最后，重视“大吏”的选任和监督，发挥其在吏治中的垂范作用。清代社会，各地的总督、巡抚或各部院正官，都是皇帝在各地或各部门的代理人，直接对皇帝负责，掌握极大的权力，谓之“大吏”。这些“大吏”的个人品行对各地、各部门吏治的好坏具有重要的影响，所谓“其身正，不令而行；其身不正，虽令不从”，陈宝琛对此深有感触，他在《论东三省台湾宜慎简贤能折》中谈到奉天官场的积弊，并比较了几任长官治下的吏治状况，指出："夫将军兼总督莞兵刑事，权不为不专，乃崇实为之，则纲举而目张"，相比较而言，岐元在任时则"脉散而筋绝""吏治亦甚荼敝也"。因此他认为，整顿吏治应重视"大吏"的作用，"修吏治、振军威、收人心、尽地力，非大吏得人不可"。要充分发挥"大吏"在吏治中的重要作用，陈宝琛认为要注意处理好以下两个问题：一是"大吏"要"得人"，"大吏"是地方或部院长官，其个人品行具有重要的垂范作用，往往影响其所职地方、部门的官场风气，"大臣清正，举劾不患其不公；大臣昏庸，则平日已不足以表率群僚"。在《请查差韩懿章荣绶片》中，他阐述了江西吏治之坏已经达到了惊人的程度，认为这主要应归咎于当地的知府、知州等地方要吏，"至江省州县之疲玩，由于知府之表率无方，甚且以爱憎为是非，致令属员习于应酬，上司淆于观德，十数年来，实缺知府中从未参治，吏治所以不振"。而在《星变陈言折》中，他直陈吏部尚书万青藜在兼管京尹期间，顺天吏治日益败坏，原因就在于万青藜自身的昏聩，无以垂范，"夫以顽钝无耻之人、背公营私之辈，既不足以董正僚属，又安望其长育人才"。因此，他建议选用大吏要"慎简贤能"，唯有如此才能以上率下，做出榜样，发挥他们的正能量作用。二是严格对"大吏"的监督和考核，选用"大吏"不仅要"得人"，还要重视对他们的管束和考核，如他在奏请严格考课制度中主张"举劾庶僚，必自黜陟大臣始。大臣清正，举劾不患其不公；大臣昏庸，则平日已不足以表率群僚"。在对"大吏"的监督中，发现其有不端行为，就应从严惩治，以此树立官场正气。在《论崇礼旷职辜恩请予惩处折》中，他认为崇礼虽身居步兵统领、户部右侍郎等要职，但其劣迹斑斑，深负皇恩，"若不将此等旷玩之员严加惩创，其何以励臣下之忠勤，而破末流之锢习"，而吏部尚书万青藜，不仅"前以谢焕章试卷一案为胡毓筠所参矣，既以袒护王堃、丁符九为文解所参矣，又以纵容门丁朱二为孔宪毅所参矣"，而且在其兼任顺天府尹期间，还于所属蓟州境内置买产业，并在宣武门大街之西开设宣春花厂，此等劣员就应严格惩处，因此他进一步指出："整顿部务，先宜甄别部臣……甄别部臣，先自万青藜始。"[①]

① 田振洪：《末代帝师陈宝琛的法律观》，《法律史评论》2016 年第 1 期。

3. 评析

陈宝琛曾是光绪帝的老师，学识渊博，后来在朝廷为官多年，不论是在军事上还是外交上都做出了不可磨灭的贡献。特别是在吏治建设、法制变革与司法审理等方面有较多的见解，留下了很多有价值的思想，在近代法律思想史的研究中值得注意和重视。如他在整顿吏治方面提出的传统的政治制度框架下整肃监察制度、加强官吏的考课制度、注重高级官吏的选任等主张，表现了其传统和保守的一面。同时也可以看到，基于忧患意识和自强救国之责任感，陈宝琛也积极地去了解西方价值观念和法律制度，接受西方法律学说，体现了其法律观中开放和求新的一面。

普法小环节 我国的监察制度历史悠久，但在中央集权制度下，监察的目的就是为了维护封建统治。当然，这种监察制度对现代来说也有其借鉴意义。其一，西汉之后儒家思想占据主导地位，注重官德建设，强调官员的自修自省，一定程度上有助于使为官者“不想贪”；其二，对各级官吏的经常性的、严密的监察，也曾有过为官者不敢贪、不能贪的情况，也有过惩贪肃贪效果较好的阶段。这些方面，对“权为民所用，利为民所谋，公立天下，取信于民”的现代廉政实践具有积极的借鉴意义。

（二）林几用法医鉴定还人公道

1. 事件背景

林几创办了我国第一个法医研究所——司法行政部法医研究所，创办了我国现代法医史上第一本法医期刊——《法医月刊》，培育了我国第一批法医专门人才。林几一生中验案无数，坚持科学真理，检案以事实为根据，不浮夸骗人，不弄虚作假，对检验结果经常反复论证，务求准确无误。他编写的法医学鉴定书，在说明项后，写有“本说明皆据学理事实”字样，在鉴定项后，写有“本鉴定皆公正平允，真实不虚”字样，以表示对所做的鉴定结论负责。

2. 事件过程

1933 年 11 月 10 日，福建省高等法院送检“傅洪牛诉妻叶汪氏毒毙伊子傅廷妹一案”，因“怀疑糟肉内投毒，要求检验”。收案后，林几即召开讨论会拟定检验方案，大家意见一致：查两项内容，一是毒物中毒，二是食品中毒（主要是肉毒杆菌）。毒物检验由研究所化验室完成，而肉毒杆菌检查送上海商品检验局。两天后，化验报告确认糟肉内无毒。林几不放心，又取材重新化验，证实检验结果可靠。一周后，上海商品检验局报告也寄到，未发现有肉毒杆菌和肠炎杆菌，但查出一种细长的杆菌。这种细长杆菌有无毒力？能否致动物中毒甚至死亡？林几建议做细菌培养和动物实验。于是，人们将这一细长杆菌种植在肉汁培养基上进行培养，然后分成两份，一份仍请上海商品检验局检查，一份由研究所检查。细菌培养72小时后，取细菌液1毫升注射到豚鼠腹腔内，5天豚鼠不死；再取同量细菌液注射到豚鼠静脉，5天豚鼠仍不死。然后，收实验豚鼠，处死后做病理检查，没有发现致病改变。上海商品检验局也证实了这一结果。至此，林几方下鉴定结论：“红糟肉内不含毒质，亦无肉毒杆菌，死者的原因另有别故。”一个中毒案件检验，不仅检查了毒物，还做了细菌培养、毒理学和动物实验，充分体现了林几对鉴定工作追求科学且极端负责的态度。

3. 评析

林几在《二十年来法医学之进步》一文中明确提出：“对官署委任检验案件，必须据实作证。”林几的观点很明确，要树立法庭科学家的形象，一种坚毅、自信、奉献以及从容的形象，一种注入博爱与人文精神的形象。因为，这种形象正是社会信任感、真诚度的基础。这种形象除来源于技术本身外，还来源于科学家的职业操守和高尚的人格魅力。

普法小环节 我国古代关于尸体检验的记载最早可追溯到春秋战国时期。受历史条件的影响，古代的尸体检验仅限于尸表检查，从事检验的人员一般是官吏而不是大夫，但这并不影响古代司法体制对于尸体检验的重视。宋慈在《洗冤集录》中写道：“狱事莫重于大辟，大辟莫重于初情，初情莫重于检验。”概括出了尸体检验的重要性。不仅如此，古人在尸体检验过程中积累了很多方法，许多沿用至今。民国初期颁布的《刑事诉讼律》和《解剖规则》是现代法医学诞生的标志，多年来，法医学在我国的司法改革及法庭科学的进步与发展中起到了不可磨灭的作用。

（三）陈体强剖析国际法问题

1. 事件背景

中华人民共和国成立以后，在与各国交往中产生了许多国际法问题，而西方国家无论从其学说上还是具体做法上，都企图否定新中国的国际法主体资格，或侵害中国的主权。因此，阐明国际法准则，维护我国利益，同国际上非正义行为进行斗争，就成为迫切的需要。

2. 事件过程

陈体强是我国著名的国际法教授，他毕生致力于国际法的教学与研究工作，所著的《关于承认的国际法——英国与美国的实践》一书，在国际法学界受到高度重视，被列为当代国际法必读书之一。面对西方列强对中国国际法主体资格的否定，陈体强教授以国际法作为说理斗争的武器，淋漓尽致地揭露和批判帝国主义、殖民主义、霸权主义的强权行径，鲜明地阐述我国的外交立场，维护了国家主权和领土完整，这部分内容的文章在陈体强的《国际法论文集》中占有很大的比重。[①] 比如在《揭露和批判帝国主义者关于国家主权问题的谬论》一文中，陈体强阐述了主权原则在国际关系和国际法体系中的重要性，特别强调互相尊重主权原则是对现代国际法主权原则的唯一正确解释。在中美建交之后，美国仍试图将台湾作为国际法主体对待，这是损害中国领土主权、干涉中国内政的行为，陈体强对此写了很多篇文章，如《联合国必须制裁美国侵略中国领土台湾的罪行》《美国政府的信义何在》《联合国无权干涉中国人民解放台湾》《台湾的主权属于中国》《根本不存在的所谓“台湾法律地位问题”》《从国际法论美国向台湾出售武器问题》《中美关系中的若干法律问题》等，这些文章以不可辩驳的法律根据和事实，证明台湾是中国领土不可分割的一部分。

3. 评析

陈体强教授所著的有关国际法的书籍中，特别注重理论联系实际，将法律规定与现实中存在的问题相联系，并不仅仅是一味地爱国，而是崇尚

① 邓方：《喜读陈体强遗著〈国际法论文集〉》，《中国法学》1986 年第 1 期。

法律，根据法律的规定来伸张正义。他针对我国对外关系中发生的一些重大问题所写的文章，论据充分，说理透彻，从国际法的角度捍卫了我国对外政策的立场和观点。

普法小环节 国际法是指伴随着近现代主权国家的形成所产生的一系列法律原则、规则和制度的总和。国际法的产生和发展是时代产物，也是国家间政治、经济、军事、文化等综合力量对比的反映，是世界各国在国际合作与冲突中折冲妥协的结果。中华人民共和国成立之初，由于我国发展刚起步，在国际上没有话语权。但是经过中国几代人的不断努力，中国已经站在世界舞台，有足够的话语权，尤其是习近平提出的构建人类命运共同体理念，以及新发展观、安全观、全球治理观等，丰富了国际法治思想，得到了越来越多国家的认同。

（四）龚钺运用国际法维护国家尊严

1. 事件背景

抗日战争时期，龚钺曾代表中国出使西班牙和法国，借用他的语言优势和在欧洲大陆的人脉资源，宣传中国抗日战争的正义性，为中国争取了很多国际支持。

1945 年 8 月 15 日日本无条件投降。根据《波茨坦公告》的规定，中国、美国、苏联、英国四国成立了盟国对日管制委员会，对日本实行管制。随后，中国设立了中国驻日本代表团负责管制日本的工作。龚钺因其杰出的法学成就和丰富的外交经验，被任命为代表团专门委员兼法律处处长，负责管制日本期间法律事务的处理，并负责协调盟军总司令部及其他同盟国的关系。

2. 事件过程

占领期间，美国控制的盟军总司令部不仅制约着代表团的行动，而且代表团成员的人身自由也经常受到侵犯。1948 年，中国驻日代表团某雇员被怀疑有经营黑市行为，遭到美国宪兵闯入宿舍搜查。这一行为无疑损害了中国的尊严，是外交侵权行为。龚钺受中国代表团委托，向盟总交涉，提出了抗议。美方态度傲慢，宣称事件发生在占领状态之下，不能适用和平时期的外交豁免权。龚钺依据国际法逐条辩驳，最终迫使美方承认错误并保证今后不再发生类似事件。

3. 评析

龚钺是我国20世纪著名的外交家、法学专家，为我国的外交建设及国际法发展做出了重要的贡献。20世纪30年代，我国受到日本的全面侵略，国家领土和主权受到严重威胁，正在法国留学的龚钺意识到国家主权的重要性，毅然决定通过自己所学的知识为祖国尽绵薄之力。他奉命担任国民政府驻西班牙领事馆随员，以及驻法国巴黎总领事馆副领事、领事、代理总领事等职，从外交上帮助中国政府和其他国家一起抵抗外来侵略。这种甘于为国家奉献的精神与坚定维护国家主权的行为令人敬佩。

普法小环节 我国法治文明的历史源远流长。经过长期发展演进，中华法系成为在世界法制史上独树一帜的法律体系，显示了中华民族的伟大创造力和中华法治文明的深厚底蕴，凝聚了中华民族的精神和智慧。习近平总书记强调：“我们有我们的历史文化，有我们的体制机制，有我们的国情，我们的国家治理有其他国家不可比拟的特殊性和复杂性，也有我们自己长期积累的经验和优势。”我们要立足中国、把握当代、面向未来，体现继承性、原创性、时代性、包容性，深入思考在新的时代条件下如何建设中国特色社会主义法治社会，不断推动中华优秀传统法律文化在新的时代条件下实现创造性转化、创新性发展。

第二节　闽都法治进程中的重大事件

一、闽都法治精神之：崇法尚德

（一）解救被贩卖的华工

1. 事件背景

1842 年 8 月，厦门、福州被迫开放为通商口岸，部分英法殖民主义者通过驻厦门、福州的领事和外商在两地开设洋行，采取诱拐、绑架等手段，非法从事掳掠贩卖华工苦力的贸易。

2. 事件经过

清光绪二十七年（1901 年），法国商人魏池在法国驻福州领事高井和福州天主教会协助下，在福州马江（今马尾）开设“下北顺”（又译为“喇伯顺”）洋行。魏池诱拐 1500 名华工，其中 1000 名拟去马达加斯加做官工，500 名在留尼旺近岛做农工事。这批契约华工与洋行订有合同 10 条，规定以 3 年为期，每月工银 10 元，每天工作 8 小时等。当他们在马尾罗星塔码头上船时，发觉受骗，于是起哄，部分人走散。法国驻福州领事知会当地官员，于是，留下的部分华工在当地官员劝说下登船。首批 764 名华工于同年乘船抵达马达加斯加，参加修建铁路和从事垦殖劳动。这批华工由于备受虐待，死伤者很多。光绪二十八年，消息传到福州，引发广大群众要求营救华工回国的抗议案。为此，闽侯知县曾逮捕几个拐骗犯“正法”，以掩人耳目；行刑时，还邀请法国领事到现场观看。但主犯魏池在外国势力庇护下，仍继续进行拐卖华工的勾当。

“猪仔牙”（意即“猪崽行”，又叫“猪仔馆”“卖人行”，指的是帝国主义分子诱拐掳掠贩卖华工的转运站）一边公开贩卖英国运来的鸦片，一边集中“猪仔”（“猪仔”是清末帝国主义分子对契约华工的侮称）转运出国，从中牟取暴利。“猪仔”们通过“舢板”等小船，被带到停泊在闽江中的法国茶船（表面上贩运中国茶叶）。在长达数月的航程中，他们受尽非人的折磨，饥饿、潮湿使疾病蔓延。整个运输途中被贩卖华工的死亡率高达45%以上。侥幸未死的多被转运到南美洲、非洲等法属殖民地。这些华工历经无数苦难、种种折磨，能够生还的屈指可数。

光绪三十一年，魏池趁修建滇越铁路及墨西哥招工的机会，在福州附近各县大肆诱拐华工，还出版名为《鲤报》的招工报进行宣传，专门印刷《清国福州工人出洋工作合同书》，后面附有《清国福州工人出洋工作地点全球图》，图中有红线画明福州契约华工将分别运往墨西哥、巴拿马等5处做工。

光绪三十二年冬，魏池未经清廷批准，又私自在福州永福会馆设立招工所，诱骗福州、长乐、连江、古田、罗源、福安、宁德、福鼎、屏南和浙江温州等地华工1825人，拟于翌年二月十七日私运去巴西、巴拿马等地当苦力。

此消息被群众侦知，福州地区民众群情汹涌，要求清廷迅速加以禁阻，并解救被骗同胞。翌年二月十三日，福州各界人士集中在上杭街建宁会馆开会，讨论解救办法。会议决定成立“同胞求援会”，并要求清廷洋务总局及闽省总督致电法国驻华公使和驻福州领事，陈述魏池违约之罪状，并知照海关阻截该船不使出口；要求清廷给予抗争，组织营救。当时，清廷洋务总局禀由军署致电福州孟税司，要求“速电马江轮船主，勿得擅载华工出口”；由洋务局致电闽海关，要求“理船厅候文阻止”；由军署致电船政提调，指示“工人如在驳船，应即实行遣散，由船政派水师船多号分装，交商会绅董照料登岸”；并由军署致电法国领事，指出魏池违约招工，“大属悖谬，本部堂为中国人民生命起见，不得不实行保护，已饬印委商董、水陆弁兵堵截遣散。魏池如敢恃强，即行拘送”。由于魏池准备租用比利时国轮船运送华工，军署又致电比利时领事，指出“已派理船厅会同印委兵弁、商董分别截堵遣散”，希望该领事“电知轮主，如有此项工人，勿得装运出口，印委各员登轮查验、遣散，勿得干预拦阻”。

同胞求援会通过官方进行严正交涉的同时，还组织有关人员配合官方进行解救。至二月二十七日，被关押在仓前山松利鸦片馆、南台斗中街洋药栈、马江招工馆的820名华工终被解救。

3. 评析

面对西方殖民者以契约劳务输出用工的合法形式来掩盖其贩卖人口的黑暗犯罪事实，福州民众群情愤激，用自己的方式来表达他们对于自由与正义的追求，对于黑暗与邪恶的反抗。面对来自殖民者的侵略，福州各方势力团结一致，奋起反抗，极力维护福州人民的生命权与自由权。人们对于自由、正义这些法治基本价值内涵的追求，从一个侧面体现出福州人民对于法治的追求与希冀。

普法小环节 人权是法治的根本价值。我国《民法典》的亮点之一是人格权独立成编。“人格权法是最直接和最全面保护人的尊严的法律，人格权制度也是民法中最新和最富有时代气息的领域。”尊重人格是维护人权的应有之义和基本前提。人格是一切人权的基础，是人之所以为人的前提。“‘人的尊严’正是人类应实现的目的，人权只不过是为了实现、保护人的尊严而想出来的一个手段而已。”从一定意义上说，没有人格，就没有人权。“人格权概念的产生具有强烈的人文主义色彩，蕴含着人人平等的人文主义思想。它就是为了保护人之为人所天然享有的权利，不论个体的年龄、性别、政治地位、财富占有等状况如何，大家都有平等的人格。”可见，以人格权编为重点，分析和彰显《民法典》的人权价值，具有无可比拟的重大意义。

（二）反抗外来侵略——福州乌石山教案

1. 事件背景

近代福州，作为较早开放的通商口岸之一，有大量外国人，包括传教士入驻，由此引发了诸多矛盾冲突。面对帝国主义的侵略，为了维护国家主权，福州人民进行了英勇的斗争。道光二十四年（1844年）至二十八年，福州爆发了反对英国人强占乌石山积翠寺的斗争，愤怒的百姓捣毁不法英商的洋行，并狠狠打击了鸦片贩子。光绪二年（1876年），乌石山弥陀寺也被英国传教士以长期租赁的形式强占。翌年，洋教士借势欺侮福州市民，激起民愤，全城奋起反抗。在人证、物证俱在的压力下，英方被迫将弥陀寺、积翠寺等地退还。

2. 事件过程

清光绪初年发生的福州乌石山教案，是福州人民长期反洋教斗争的结果，也是近代中西方文化冲突的典型例子。此次斗争历时三年多，影响较大，是近代中国人民反帝斗争的组成部分。

乌石山坐落在福州城内。1850年，英国基督教圣公会传教士札成和温敦至福州传教时，看中了这块宝地，他们请英国驻福州领事的翻译金执尔代向乌石山神光寺僧人租屋二间，堆放行李，但实际上作为住处。这一举动引起福州民众的强烈反对，要求将传教士逐出城外。当时咸丰皇帝及闽浙总督刘韵珂和福建巡抚徐继畬均有排夷倾向，于是照会英国驻香港总督文翰和英国驻福州领事星察理，要求传教士退租。1851年春，札成和温敦被迫退还神光寺房屋，但以“城外一时难得住处”为由，暂迁至离神光寺仅半里远的道山观居住。福州人民见传教士做出让步，又因对外交涉艰难，未予深究。但传教士竟无意迁出城外，长期在道山观居住，甚至人数不断增加。

1876年5月初，因连降大雨，闽江上游溪流下注，又值海潮涌涨，福州城遭水灾。城内庙宇、营房、衙署及城乡居民田园被水淹的不计其数，粮荒严重。在此之前，传教士胡约翰着意扩大道山观占地，在租地内办“传教养成所”，培养传教助手，并违约在道山观租地内增建洋楼一座，且高度亦超出前约。福州士绅本对胡约翰得寸进尺的行径深怀不满，适福州遇灾，就把福州水灾的原因归结为传教士建房破坏了福州的“风水”。以举人林应霖为首的当地士绅召集百余人起而反教，碎石为誓：“凡假公济私、见利忘义、有始无终者，有如此石。”他们一面向教会抗议，一面上书官府，提请制止教会盖房。

福建当局得报后，一面上报总理各国事务衙门，一面派府县勘察，以免事态扩大。总理衙门唯恐中外再酿纠纷，授意福建当局和平处理。时任福建巡抚丁日昌同情福州士绅，便主动与英领事星察理商议，提出将城外南台下渡原电线局楼房及周围空地与道山观的教堂及洋楼对换，另贴洋银5000元作为修造费。星察理见有利可图，便慨然应允。福州士绅见交涉有了头绪，十分高兴，盼望传教士能尽早迁出道山观。但胡约翰推辞说："此事非一人所能专主，必须详细写信寄与本公会教首商明，计往来需五旬之久，方有回信。"胡约翰在给伦敦公会的信中强调决不能放弃乌石山传教据点，甚至说："放弃乌石山，意即放弃整个教务。"由于胡约翰的坚持，伦敦公会迟迟未做答复，并逐渐露出拒绝对换的倾向。虽然星察理力图挽回，还联合回国述职的威妥玛以备忘录敦促外交部饬令教会放弃乌石山租地，但英国外交部仍未予理会。1877年7月，丁日昌请假离职回广东原籍养病，英方更是拖延不予回复。本希望尽快解决此案的福州士绅对传教士这种行径更加反感。

1878年6月，传教士又开始在围墙内雀舌桥附近起盖新楼。福州士绅对传教士再次违约建房十分愤慨。6月，道山观业主通知教会，拒绝接受未经过承租的"白契"。林应霖、雷在南等士绅先后具禀，抗议教会侵地盖房。7月初，福州当局照会星察理。星察理向传教士史荦伯转达福州当局要求立即停工、定期会勘的消息，并要求史荦伯停止建房。但是史荦伯不但没有停工，反而日夜赶建，企图造成既成事实，迫使福州当局承认。

8月初，福州当局被迫亲临工地，遣走工匠，方始停工。而星察理却企图在调停当局与教会的纠纷中得到好处，想向福州当局购买南台田地150亩，供洋商作"跑马场"。8月30日，福州当局会同当地士绅及领事官、翻译、传教士到现场查勘。查勘后认为雀舌桥边新建洋楼确系侵占。胡约翰不服，还动手拨逐围观百姓。当天下午，群情激奋的百姓又听说一挑水少妇受传教士"调戏"，于是在林应霖率领下冲进工地，群起将新建的三座洋楼拆毁，并放火焚烧，火势波及一座旧洋楼。

教案发生后，中国当局一致认为教案是由于胡约翰"肆骂激衅，触动公益"而引起的。而英国方面则强调这件教案是有预谋的行动。总理衙门迁就英人，饬令福建当局迅速结案。10月，闽浙总督何璟将侯官知县刘恩第、乌石山汛千总蒲大典革职。他一边饬令府县捉拿毁楼者，一边致函驻英公使郭嵩焘，要求他恳劝伦敦公会将多年来在福州恃强妄为的胡约翰调离福州，以免再生事端。然而星察理见买地事未成，竟想把教案闹大并从中得到好处。1879 年 2 月，丁日昌奉旨赴闽查办此案。他本着先解决教案，但又不失国人体面的原则，同何璟一起争取星察理的配合。何璟声称，若能和平解决教案，则洋商买地事可以商量。星察理见有利可图，即予配合。

3 月 17 日，乌石山教案在星察理的观审下开庭审判，判决如下：（1）将不候官断，擅自主使及携取砖块毁屋之武生董经铨、侯得忠、林依奴等人，办以斥革、流徙等罪。（2）傅绍銮等 9 人不候官断，擅自随同毁拆，办以枷杖。（3）教官林应霖，虽无主使之据，然临时不能劝止，亦应摘去顶戴，停委 3 年。其余弹压不力之文武地方官，均分别摘顶、撤委、记过。（4）赔偿损失杂物洋银 1045 元。焚毁洋楼案至此解决。

3 月 22 日，威妥玛到福州与丁日昌商量后，打算调停。威妥玛提出传教士仍在乌石山居住，但把楼房改低，丁日昌则坚持对换，威妥玛同意对换，但所提供的城西、南门及北门几块空地，均不合传教士之意，后传教士提出租用星察理公馆转换，星察理迁往南台居住。但不久传教士又反悔，坚持要在乌石山，威妥玛调停失败。

4 月 30 日，道山观租地纠纷案在英国驻华最高裁判长傅兰治主持下开庭审判，双方争执激烈，最后傅兰治判决如下："同治六年租约本属妥当，如常可行，不得罚为废纸。被告胡教士据同治六年租约所租各房屋，若原告的确讨回为道山观之用，应可讨回，但须预早三个月通告被告，计至季底结尾之日为满限。除已断原告名，分内应讨回该房屋地基，如不讨回，被告仍可毕生居住。同治六年租约所载之房屋地基，其租银仍须按季上期输纳。两造经费各自办理。"

此后，教会向官府租赁原电线局房地，每年纳租银 350 元，以 20 年为限。其旧洋楼中的教会女校即从乌石山迁至该处。1880 年 3 月，史荦伯也被迫迁出乌石山道山观楼房。福州乌石山教案至此全部结束。

以上可以看出，教案产生的原因是传教士恃强妄为，这点连英方官员也确认不讳。福州人民对不平等条约保护下的传教士的不法行径深怀愤慨，因而用"风水"等传统观念予以反击。这不单纯是中西文化之争，实质上还是中国人民反对帝国主义利用宗教从事侵略的斗争。

3. 评析

爆发在福州的乌石山教案，教会强占土地搭建洋房引发土地纠纷，在当时产生了一定的社会影响。这个案件涉及宗教与群众，涉及土地纠纷，更深层次地涉及国家主权层面。那时的人们或许还带着点蒙昧，以“风水”遭破坏，对此提出了抗议。虽然他们的出发点带有迷信色彩，但不可否认的是，他们的行动，在一定程度上起到了维护国家主权的积极作用。焚烧教会洋楼的愤怒群众，虽然受到了严厉的刑罚，但是在中方的努力下，福州本地乡绅也据理力争，对传教士的强占行为进行起诉控告，通过法律途径，维护自身的合法权利，最终赢得审判的胜利。

普法小环节 法律规范对人的效力概括起来有四种，即属人主义、属地主义、保护主义和折中主义。我国法律规范对人的效力基本上属于折中主义，即以属地原则为基础，以属人主义和保护主义为补充。所谓以属地原则为基础，是指凡是中华人民共和国的公民和法人，在中国领域内一律适用中国的法律。在中华人民共和国领域内的外国公民、无国籍人士和外国法人，原则上也适用中国的法律，法律有特别规定的除外。属人主义，是指在中国境外的中华人民共和国公民和法人，也必须遵守中国的法律，同时受中国法律的保护。但是各国法律规定不同，这样就会发生适用中国法律和适用所在国法律的矛盾问题。对此，要本着既维护中国主权，又遵守他国主权的精神，根据国际条约或者国际惯例协商解决。保护主义，是指中国公民在中国境外犯有《中华人民共和国刑法》第四条规定的 8 种罪，受中国刑法的追究；而第五条规定，按照中国刑法最低刑为 3 年以上有期徒刑的各种罪，也受中国刑法的追究，但是按犯罪地的法律不受处罚的除外。外国公民、无国籍人士和外国法人在中华人民共和国领域外对中国国家和公民的犯罪，按中国刑法规定的最低刑为 3 年以上有期徒刑的，也可以适用中国刑法，但是按照犯罪地的法律不受处罚的除外。凡在中华人民共和国领域外犯罪，依照中国刑法应当负刑事责任的，虽然经过外国审判，仍然可以依照中国刑法处理；但是在外国已经受过刑罚处罚的，可以免除或者减轻处罚。福州乌石山案中，法官没有遵循通行的治外法权的原则——以英国法律审判在华英侨，而是遵循了“物之所在地法”

及“中国法律和惯习为依据”，即适用“属地主义”审理案件，这不仅是中国传统法律的突破，而且也成为未来对外交涉的一种典型模式。

二、闽都法治精神之：践行法治

（一）福建省谘议局——福州法治近代化开端

1. 事件背景

伴随立宪呼声的高涨，清廷迫于内外压力，于光绪三十四年（1908年）颁发《著各省速设谘议局谕》：公举贤能作为该局议员，断不可使品行悖谬、营私武断之人滥厕其间。凡地方应兴应革事宜，议员公同集议，候本省大吏裁夺施行。遇有重大事件，由该省督抚奏明办理。将来资政院选举议员，可由该局公推递升。[①]

清廷将谘议局看成是“采取舆论之所，并为资政院预储议员之阶”，以此来历练国民，以备将来参与政治。尽管清廷只是将谘议局定义为一个舆论、咨询机关而非权力机关，但这仍是中国近代以来向政治民主化迈出的重要一步。

2. 事件过程

（1）官绅筹备。

福建省自接到筹办谘议局的上谕之后，即开始着手筹备，为期一年。福建官府于光绪三十四年八月二十一日在东街文昌宫簪堂开局。当日闽浙总督松寿、将军朴寿，以及司、道、府、厅、县各官与地方绅士都到会，陈宝琛拿出谘议局调查章程，与各官绅详细研究，并议定每月集议两次[②]。

鉴于一般人对于选举调查并不理解，筹备处规定只有四种人可以做调查员，一是本学教官，二是视学官、劝学所总董、教育会会员，三是商会总董或公正殷实商人，四是公正绅士，因为这些人在地方有威望、能服众、明事理，坚决不任用差役地保，免得搅扰人民。由此可见，当时地方官和士绅非常重视筹设谘议局，为了让老百姓明白情况，他们还编了简单

① 故宫博物院明清档案部编：《清末筹备立宪档案史料》（下册），中华书局1979年版，第667页。

② 《各省筹办谘议局汇志》，《申报》1908年9月30日。

明了的顺口溜[①]：

皇上旨意　谘议局设省城
选人为人所选　年岁资格分清
先设一筹办处　一年以内办成
目下先要调查　挨家逐户查明
议员取之各县　责任关系非轻
不派差役地保　免得搅扰吾民
地方利害损益　均可一一详陈
并非按户加税　亦非当兵抽丁
初选复选两次　选举格外认真
勿得稍涉误会　随时问问士绅

尽管如此，选举调查仍是最难做的事情，因风气未开，很多人不理解，不愿报自己的真实情况，如选举资格中有以财产或不动产 5000 元以上者可充议员，“其中或资产不止此数，恐波及捐输匿而不报者有之，或不及此数而冀膺被选踊跃争先者亦有之，然则任调查者将何以悉力稽核，而能免二者之弊乎”。[②]

（2）选举资格认定。

根据谘议局章程，议员采用复式选举制，即分初选与复选两层选举。初选由选举人选出十倍于定额议员数的候选人，再由候选人互选，产生定额议员。选举人的条件必须具有下列之一：一是曾在本省地方办理学务及其他公益事务满三年以上卓有成效者。二是曾在本国或外国中学堂或同等以上学堂毕业得有文凭者。三是有举贡生员以上出身者。四是曾任实缺职官文七品、武五品以上未被参革者。五是在本省地方有 5000 元以上之营业资本或不动产者。六是具有上列条件之一，年满 25 岁之男子。七是寄籍本省 10 年以上，年满 35 岁之男子，或寄居地方有 1 万元以上之营业资

① 《福建省谘议局筹办处第一次报告书》，福建省图书馆藏书。
② 《调查难任》，《闽报》宣统元年二月十五日。

本或不动产者。[①]

此外还规定有下列各情形者，虽已具备适合资格，亦不得视为选举人或候选人：一是品行悖谬、营私武断者（指宗旨歧邪，干犯名教及讼棍土豪类）。二是曾处监禁以上之刑者。三是营业不正者。四是失财产上之信用，被人控告，实未清结者。五是吸食鸦片者。六是有心疾者（指疯狂痴骇诸疾，精神异于常人）。七是身家不清白者（指娼优隶卒等贱业之人）。八是不识文义者。

下列人等停止其选举权与被选举权：一是本省官吏或幕友。二是常备军人及征调期间之续备后备军人。三是巡警官吏。四是僧道及其他宗教师。五是各学堂肄业生。有这种限制，是因为“本条所规定选举及被选举之限制，非以其资格缺失之故，乃以其所处地位，不适于选举议员及被选为议员故也。盖本省官吏幕友，当行政之任，与谘议局本属对立，若予以选举议决之权，恐生旷职与干涉勾通等弊；军人以不预政事为通例，巡警亦然；僧道教师均从事宗教，不预世务；学堂肄业生正当精勤学业，自不宜与闻政事，故一律停止其选举权与被选举权”。同时也停止了现任小学教员的被选举权，原因是“小学堂教员职司国民教育，责任甚重，若以被选举议员之故，致旷厥职，殊于学务有碍，故仅留其选举权，而停止其被选举权”。[②]

关于选举人与被选举人资格问题还引起一次争论。福州一开始调查选举人资格时，遗漏很多，其中公益团体如去毒社之类，学堂毕业如要塞炮科之类，都没有列入册。后来他们极力争取，才给予选举资格，而英华、格致两书院也被谘议局筹备处剥夺选举资格，引起他们的抗争。[③]关于选举权与被选举权的限制，一般文章都认为这是限制老百姓的选举权，把一般老百姓和妇女排除在选举权之外，具有一定的虚伪性。

（3）选举的过程。

选举的日期，清廷规定全国各省初选须在宣统元年（1909 年）闰二月间办理，复选须在四月十五日以前办理。福建初选按规定，于闰二月初一

① 路子靖：《地方政治现代化的尝试：清末福建谘议局选举研究》，《华侨大学学报（哲学社会科学版）》2008 年第 2 期。

② 故宫博物院明清档案部编：《清末筹备立宪档案史料》（下册），中华书局 1979 年版，第 668 页。

③ 《已出力争》，《闽报》宣统元年二月十五日。

日即举行，复选稍迟，于五月初六日举行。

闽侯初选时，选举事务所专门印发传单，上有投票须知以及日期场所。投票须知规定：本人须亲到投票，不得请人代投；所选之人要为本县人（如闽县不得选侯官人，侯官不得选闽县人）。

（4）三次请愿。

1909 年 10 月，福建省谘议局成立，经过激烈角逐，立宪派中比较开明的“新派”战胜顽固的“旧派”，取得了谘议局的领导地位，高登鲤为议长，刘崇佑与陈之麟为副议长。但实际上刘崇佑是谘议局的核心领导人，他的活动能力强，影响大。此外，林长民经刘崇佑推荐任谘议局书记长。

第一次国会大请愿运动酝酿于 1909 年 10 月各省谘议局成立之际，具体发起人为江苏省谘议局议长张謇。经过一个多月的多方联络，各省代表齐集上海，召开“请愿国会代表团谈话会”，以福建省谘议局副议长刘崇佑为主席，江苏省谘议局议员孟昭常和福建省谘议局书记长林长民为书记。出席大会的代表共有 16 省 51 人，刘崇佑、王邦怀、连贤基被推定为福建省进京代表。1910 年 1 月，各省请愿代表团到达北京呈递请愿书，请求“速开国会”。1 月 30 日，清廷发布上谕，对国会请愿予以委婉拒绝，仍然坚持九年预备立宪期限不变。第一次国会大请愿失败。国会请愿代表对这次请愿失败早有思想准备。此前，他们向各省谘议局通告说：“兹事体大，断非一呈所能得效。”请愿失败后，代表们又致书各省团体，呼吁广泛支持，并采取进一步的行动。5 月底 6 月初，经过几个月的联络与发动，各省商会、学会等团体或绅民请愿代表陆续进京，海外华侨请愿代表也专程回国。结果，对于第二次国会大请愿，朝廷采取了比上次严厉的态度。上谕表示“仍俟九年筹备完全，再行降旨定期召集议院”，并严词申明“毋得再行渎请”。第二次国会大请愿又以失败告终。第三次国会请愿运动与上两次不同的是，立宪派在这次请愿中还发动了广大人民群众进行声势浩大的请愿游行。福建各界群众 5000 多人游行到总督衙门请愿，闽浙总督松寿接受了请愿书。各省谘议局一般都通过了呈请代奏速开国会的议案，并致电军机处要求速开国会。这次请愿所动员的群众的广泛性及其规模之大，是前两次无法比拟的。在这种情况下，清廷不得不做出一定的让步，决定缩短预备立宪期限。11 月 4 日，清廷发布上谕，预备立宪的计划被提前到 1913 年完成，事实上比原来的九年筹备计划缩短了 3 年。

三次请愿的结果，仅仅使清廷同意将预备立宪期限缩短 3 年，总的说来是以失败告终，但也起了一定的积极作用。一是唤醒了民众的政治意识。清末的报刊图书，不乏介绍权利思想的言论，但以民众的名义正式向统治者提出要求，还是第一次。刘崇佑等人以实际行动向民众作了参政示范。二是通过上书请愿，抨击清廷“庶政多孔，而财政奇绌，官僚充斥，而责任无人……以言财政，而财政之紊乱如故；以言教育，而教育之腐败如故；以言警察，而警察之疲玩如故”，[①] 揭露其腐败无能。三是使大多数立宪派人士对清廷感到失望，开始倾向于同情革命，为后来辛亥革命和民主革命的爆发起了促进作用。

（5）与革命党人合作。

辛亥革命前，刘崇佑促成立宪派与革命党人合作，客观上有助于辛亥革命的成功。出于对清廷的失望，立宪派人士开始倾向于同情革命。福建立宪派人士决定同革命派进行一定程度的合作，以壮大自身实力。革命派人士考虑到可以利用谘议局的公开合法身份开展更广泛的革命活动，也乐于同立宪派合作。在推动双方合作的过程中，刘崇佑对福建立宪派的转变起了关键性的作用。具体表现在，一是他力举与革命派合办报纸，二是他掩护了革命党人的活动。

1910 年冬，在刘崇佑和林长民的积极倡议下，立宪派与革命派共同创办《建言》报。该报“外表颇与立宪党有携手之接洽，期不至为人所疑；然其内容则专以鼓吹革命，唤起一般国民，使咸趋于革命之途为职责”。后来，《建言》报实际上完全变成了革命党人的机关报。

3. 评价

福建谘议局的筹备到选举到成立，可以说是福建地方政治迈向现代化的重要一步。就当时来看，以当时民众的知识水平、认识能力，实行全民选举是不现实的。因此在当时的时代背景下，对选举之人做必要的限制应当是合情合理的。从选举的筹备来看，地方官吏做了很大努力，成立筹备

① 张朋园：《立宪派与辛亥革命》，吉林出版集团有限责任公司 2007 年版，第 66 页。

处，组织官员士绅商议。在经费极其匮乏的情况下，一步步推进筹备工作，使选举能够如期举行。选举过程中也出现了很多“怪异”的事情，有漠视的，有多方运动、采取各种手段获取选票的，漠视的可能是因为没有认识到选举的意义，而积极运动的，也未必意识到选举的意义，或许只是为了一己私利而努力。从当时报纸的评论来看，包括士绅精英群体还远没有适应选举生活。

但是任何事情的发展都需要一个循序渐进的过程，法治的推行也不例外。如何决定选举资格，应当依据当时国家的具体情况而定，而不应该依据一般的原理来决定。对于一个长期专制的国家要开始实行民主选举，这样限制并不过分，重要的是已经迈出了第一步，尽管存在很多弊病，但却不能否认它的价值。

普法小环节 选举权是公民选举国家权力机关的代表与其他公职人员的权利。被选举权则是公民被选任为国家权力机关的代表或其他公职人员的权利。选举权和被选举权通常由一国宪法、法律规定并受到保护。选举是与代议制民主密不可分的。但选举权作为一种政治权利，在很多国家相当长的历史时期内只有少数人才能享有。《中华人民共和国宪法》规定，中华人民共和国年满18周岁的公民，不分民族、种族、性别、职业、家庭出身、宗教信仰、教育程度、财产状况、居住期限，都有选举权和被选举权；但依照法律被剥夺政治权利的人除外。选举权和被选举权是我国人民参加国家管理、实现当家作主的基本手段，也是人民行使国家权力的基本形式，因而它体现了人民管理国家的主人翁地位。

（二）民国时期福州律师公会与冤狱赔偿运动

1. 事件背景

律师公会制度是律师制度的核心内容，也是民国司法制度的重要组成部分，它是晚清以来中国政府为国家富强、民族独立而移植西方法律制度的结果。

2. 事件过程

光绪三十二年（1906 年），清廷完成起草的《大清刑事民事诉讼法》中曾提到“律师”，该法典未及颁布，清王朝即被辛亥革命推翻。孙中山领导的南京临时政府亦曾召集有识之士，效仿西方国家起草律师法草案，但又因临时政府很快解散而夭折。北洋政府制定了《律师暂行章程》和《律师登录暂行章程》等法规，此可视为中国律师制度建立的开端。

民国初年，福州已开始出现律师活动。当时福州律师多是毕业于私立专科学校和公立福建学院法律专业，有的是留学归国者。1923 年，福州律师就自发组织了“闽侯律师公会”，会址设在福州城区渡圭里，应该说这也是福建省律师最早成立的自律性行业组织之一。1927 年，武汉国民政府公布了《律师章程》，1941 年《律师法》出台，对律师执业条件、管理办法和业务范围做了规定。

1942 年 4 月，福州市与闽侯县分开，闽侯地方法院改名为福州地方法院，闽侯律师公会也更名为福州律师公会。按照当时律师执业规定，律师必须加入律师公会才有执行职务的资格，并规定一个行政地区的律师未达到 15 人的不能成立公会，其律师应加入附近地区的律师公会。因此当时在闽侯律师公会（福州律师公会）注册的还有南平、永安、莆田、福安、长乐、连江、闽清、永泰、罗源、古田等地的部分律师。1931 年，闽侯律师公会会员已达 114 人。律师公会的主要职责是促进会员联谊，维护行会权益，办理会员入会、退会，承办行政和司法机关委办的事项。由于律师公会议事程序严谨、机构设置明确、处置事项公正，该行业团体在会员中具有很高的权威性，为维护律师执业权益和监督职业操守做了有益工作。

当时闽侯律师公会还积极参与某些国际性的活动。1923 年，“万国辩护士（日语称律师为辩护士）协会第二届代表会议”在日本召开，中国律师组织代表团出席会议，代表团成员有闽侯律师公会的代表郑作枢和侯光第两人，这是福州律师第一次参加国际性的律师会议。第三届国际律师协会代表会议在中国北平（今北京）举行，福州律师公会派郑元鼎代表参加大会。1948 年，全国律师协会代表会议在南京召开，福州律师公会会长陈阶出席大会，福州律师公会还当选为理事（团体）。

1935年，闽侯律师公会积极响应上海律师协会发起的冤狱赔偿运动，旨在保障人权，督促司法公正，维护刑事案件当事人权益。冤狱赔偿，即人民遭受国家司法官吏违法判决、误判或无辜羁押，除该司法官吏应受法律制裁外，国家对遭受冤狱的人民负担赔偿责任。律师在保障人权的法律实践中，发现大量的冤案虽然得以沉冤昭雪，但被冤人的财产与精神名誉损失却依旧得不到赔偿，人权保障、社会正义之目标无法实现。受西方冤狱赔偿制度的启发，律师界主张在中国实行冤狱国家赔偿制度，达到真正实现保障人权之目的。

冤狱赔偿运动是律师界为推动国家立法机关制定冤狱赔偿法、实行冤狱赔偿制度，而发动法律界以及各机关团体向政府请愿的全国性的群众运动。它是由中华民国律师协会倡导的，各律师公会具体执行，由"全国律师界集中力量一致进行，以适应社会正义之要求，促成国家履行其在道德上与法律上之义务"。最终迫使南京国民政府准备实行该项国家赔偿制度。①

闽侯律师公会积极响应冤狱赔偿运动，多次参加冤狱赔偿委员会会议，通过新闻界宣传造势，调查具体冤狱案件，甚至派律师在广播电台演讲，在《福建民报》连续刊登文章，以期唤起社会各界注意。

3. 评析

律师的使命，绝不仅是为了实现法律，它在法律不完备或在法律内容上存在不合理的损害公民利益的时候，还应该要求制定或修改法律，甚至应对违宪或相互冲突的法律主张无效。民国时期的律师制度，相对闽侯律师公会除了敦促律师维护当事人合法权益外，还推动政府实行冤狱国家赔偿立法，减少被侵权者的权益损失，一方面限制了国家的权力，另一方面又大大维护了被告人的人权，这也体现了现代刑事诉讼法的中心思想——控制国家权力与保障人权。律师行业可以推动法律之发展，可以矫正司法中存在的不合理之处，同时促进司法公正，共同维护法律的权威，完善一国之法律。当时，推动政府实行冤狱国家赔偿立法的行为也是学习了西方的法律制度，填补了我国法律不重视被告人权利的不公正的制度缺失，同时也为我国现行刑事诉讼法的发展与思想变革起到了巨大的作用。

① 李严成：《民国律师公会研究（1912—1936）》，华中师范大学博士学位论文，2006年。

普法小环节 冤狱赔偿是指由于司法机关误判、错判而导致个人合法权益损害时，依法由国家给予赔偿的制度。冤狱赔偿源于1679年英国的《人身保护法》。第二次世界大战后，一些国家在宪法中规定了冤狱赔偿制度。如《日本国宪法》规定："任何人在拘留或拘禁后被判无罪时，得依法律规定向国家提出赔偿的要求。"实行这项制度的国家，通常以法律规定冤狱赔偿的具体实施办法。中国1982年宪法规定，由于国家机关和国家机关工作人员侵犯公民权利而受到损失的人，有依照法律规定取得赔偿的权利。冤狱赔偿的特点：（1）因司法机关及审判人员在司法审判过程中误判错判造成公民合法权益损害而发生；（2）由造成损害的司法机关承担；（3）一般不另外单独提起赔偿诉讼，而是由受侵权损害人在刑事上诉程序中提出赔偿的请求，或者向做出刑事判决的原审法院提出赔偿请求。

（三）福州禁毒斗争

1. 事件背景

鸦片战争后，福州、厦门等5个城市被迫开辟为通商口岸。英国等资本主义国家通过福州等通商口岸向中国输入大量鸦片。据福州海关报告，清光绪三十一年（1905年），进关鸦片共3500多担；还有大量不是通过海关走私进来的。吸食烟毒者甚众。

福州是民族英雄林则徐的故乡，福州一些有识之士，继承林则徐坚决禁烟的遗志，发起组织禁烟群众团体，力图以社团力量推动和督促朝廷禁烟，以挽救国家民族于危亡之中。

2. 事件过程

光绪三十一年，陈宝琛和福州著名士绅林绍年、邵质城、刘学恂、罗金城、林炳章、张赞廷、李馥南、陈懋鼎、林志煊等10人，联合倡议组织福建“去毒社”，开展禁烟斗争。光绪三十二年春，禁烟发起者公推林则徐曾孙林炳章为“去毒社”首任总社社长，负责该社组建工作。

“去毒社”主要职责是对群众进行禁毒的宣传教育，同时会同当地警务机关或主管官署，稽查贩运、销售、吸食烟毒者，送官府立案究办，并参与官府的讯问和查处工作。

光绪三十二年六月三日，福建“去毒社”在城区澳门桥林则徐祠堂召开成立大会。参加者有福州各界人士和各学堂师生共数千人。林炳章和各界代表在会上发表讲话，祝贺“去毒社”成立。他们的发言指出烟毒的严重危害，说明禁毒的必要性，劝说人们自觉地远离毒品，投入禁毒斗争的行列。与此同时，宣布禁毒的条例和规章制度、惩罚措施，要求毒贩立即停止贩运和销售烟毒，要求吸毒者自觉、主动地戒毒，否则都将受到惩罚。福建“去毒社”总社设在福州南台双杭地区大庙山。从此，双杭地区成为福州禁毒斗争的指挥部。“去毒社”成立后，随即促使福州地方官府下达禁烟令，严令各烟馆必须在短期内停业改行，如敢违抗即严惩不贷。

“去毒社”总社下设宣传、调查、评议三个部。宣传部的主要任务是通过搜集各地关于吸食烟毒造成危害的典型，对群众进行宣传，说服觉醒者参加禁毒队伍。同时，组织力量深入烟民家中，在烟民亲友和家人配合下，对烟民进行开导、劝诫。调查部的主要任务是调查烟土来源和烟寮分布情况。“去毒社”总社和各分社调查部通过调查发现，当时所谓“红土”“大土”等烟毒，都是由英国船舶运来交给当地英商洋行，再由英商洋行变换手法或经伪装，卖给日商、法商等外商洋行和本地秘密经营的“清膏店”，然后再转卖到全省各地。调查部还发现，福州地区烟馆和烟犯活动主要集中在南台和桥南一带。

在福州地区“去毒社”的带动下，福建各府、县也相继建立禁烟机构，开展禁烟斗争，在全省形成查缉网，收到较大成效。禁烟过程中，“去毒社”逐渐认识到必须采取有效的戒毒措施，让吸毒者尽快去掉毒瘾，使毒贩无从牟利。于是“去毒社”分区筹建戒烟局，动员烟民进局戒毒；抓获的吸毒者也送入戒烟局强制戒毒。戒烟局里有精通医术并具有戒毒经验的医生提供免费治疗。他们采用林则徐生前命人配制成功的十七味戒毒药丸，加工制成药酒，让烟民服用，收到很好效果。同时，“去毒社”勒令各烟土行、烟馆限期改行，违者按章严惩。据不完全统计，仅大庙山附设的戒烟局在光绪三十二至三十三年间，就办戒烟班 22 期，治愈烟民 827

人；宫巷戒烟局办18期戒烟班，治愈烟民932人；光禄坊戒烟局共办8期，治愈烟民219人。经过一年的禁烟斗争，“去毒社”缴获了大量烟土、烟具，有效地改变了社会风气，受到民众称赞。

为了加大禁毒宣传力度，扩大禁毒成果和影响，“去毒社”于光绪三十三年五月总社成立一周年之际，举行盛大的纪念会，受到众人的支持，出现“万人空巷，途为之塞”的盛况。“去毒社”还仿照林则徐虎门销烟的做法，在海关埕将收缴的大量烟土放进大锅，当场销毁，并摄影存案备查。他们还邀请当地官员、社会知名人士、各国领事馆人员及各洋行买办等前来参观。

会后，“去毒社”又具文报告福建各地禁烟情况，层层转送至清廷当局，要求清廷向英国政府交涉，禁止英轮再运鸦片到福建销售，以杜绝鸦片来源。经过“去毒社”的严厉查禁和坚持斗争，福州烟馆陆续关闭，吸毒者日益减少。

3. 评析

鸦片大约在17世纪上半叶流入福建。清朝统治时期的福建省官府，从18世纪初期即开始禁烟，但鸦片的泛滥却愈演愈烈，到19世纪中叶蔓延全省，造成空前的惨烈祸害。福建当权者根据本地的实际情况，在清末禁烟运动开始后，主要开展两项工作：一是禁种，二是禁吸。全省各地在限时禁闭土烟馆的同时，给烟民核颁购烟吸烟执照，并设立戒烟所和查烟官员，强制戒烟。在全国禁烟团体中，福建的“去毒社”影响最大。“去毒社”的活动，从一定程度上遏制了鸦片在中国的泛滥，使民众免受鸦片侵害。同时，这次禁烟运动大大增加了中国广大民众对鸦片危害性的认识，使国人看清了英国向中国贩卖鸦片的本质，唤醒了中国人民的爱国意识，对清末禁烟运动做出了不小的贡献。

普法小环节　禁毒是指预防和惩治毒品违法犯罪行为，保护公民身心健康，维护社会秩序的工作。或者说，运用行政法令和群众监督的力量，促使吸食或注射鸦片和代用麻醉剂者戒绝瘾癖，限制和取缔种植、收贮、制造、运输、贩卖毒品和毒具行为的一项社会风俗改造工作。又称禁烟禁毒。1909年2月、1912年1月、1924年11月和1925年2月特别召开了上海万国禁烟会议、海牙国际禁烟会议，以及第一、第二次日内瓦国际禁烟会议，签订了《海牙禁烟公约》和《日内瓦禁烟公约》。第二次世界大战后，特别是20世纪七八十年代以来，戒毒和反毒品走私斗争在国际范围内全面展开。1987年，联合国将每年的6月26日定为“国际禁毒日”。此后，各国在每年的6月26日前后都要集中开展大规模的禁毒活动。全国人大常委会于1990年12月颁布《关于戒毒的决定》。2000年6月，中国政府发表了《中国的禁毒》白皮书。2008年6月1日起正式施行《中华人民共和国禁毒法》。

三、闽都法治精神之：求是致公

民国时期福建高等法院审理童养媳判例

1. 事件背景

在中国婚姻制度史上，常常流行着这样一种特殊的婚姻形式，即当女儿还没有达到成年，便由父母订下婚约，后来由于种种原因，提前送到婆家抚养，待男女成年后始行结婚。这一种婚姻形式就是我们所说的小媳妇，即童养媳。中华人民共和国成立后，国家颁布了《中华人民共和国婚姻法》，抱养童养媳的问题终于得到了有效解决。

2. 事件过程

民国时期，李丹桂之母秦氏收养年仅两岁的阿芹，后因秦氏去世，便由秦氏之嫂郑氏收养。阿芹成年之后，李丹桂要求郑氏交还阿芹，并声称阿芹是由秦氏收养的童养媳，二人早有婚约。但是阿芹成年后已与李肇俊成婚，郑氏不肯。李梨与李丹桂便于1932年起诉至仙游县法院，请求郑氏之子李肇俊与李金治交还童养媳阿芹。

李梨与李丹桂起诉称，秦氏当初收养阿芹，是为了等其到了结婚嫁娶年龄之后嫁给李丹桂为妻。后来因为秦氏去世，而阿芹又为女性，由秦氏之嫂郑氏收养最为合适不过，才将阿芹交给郑氏抚养成人。郑氏收养阿芹只是家庭互助之义。而且在秦氏的衣箱里找到一份婚约，郑氏与秦氏约定，待阿芹长大后归还一房并与李丹桂成婚。由此可见该婚约早已订立，并且有李氏族长李垒证明。

李肇俊辩称秦氏之前已有收养一个童养媳，名为鸟豆，但是该女于1925年夭亡。阿芹是秦氏于1920年收养的女儿。由此可见，李丹桂与阿芹并无婚约关系。阿芹生父郑元盛能够证明，秦氏当初抱养阿芹仅是收其为养女而非童养媳。而关于起诉人所称的婚约实为捏造，该婚约里并无郑氏与族长李垒签名。

法院经过审理后判决驳回起诉，理由是：本案上诉人请求被上诉人将阿芹交还李丹桂为妻，应当以阿芹究竟是否为秦氏所收养的童养媳为据。在本案中，阿芹生父郑元盛出庭证明，他将阿芹送给李丹桂已故母亲为养女而并非童养媳。而本案所涉及的一纸婚约，并无双方当事人签名，且原告未能有其他证据来加以证明该婚约的真实性，因此该婚约不被采纳为本案证据。

原告不服，上诉到福建高等法院，法院经过审理，判决驳回上诉。

3. 评析

从福建高等法院审理童养媳的判例可以看出，民国时期的人们就已经开始逐渐地认识到女性在整个社会中所担任的重要角色，以及女性的平等地位问题对整个社会的重要性，从而对男女平等、女性权利和婚姻自由也有了开拓般的认识，继而逐渐地开始倡导女性权利的保障，男女地位的平等，以及婚姻的自由。但可惜的是由于民国时期的思想观念落后、基础教育普及不够、制度保障不足等各种因素，男女平等、婚姻自由等观念和制度都无法得到完美地实现。尽管如此，这些观念却开历史之先河，让女性开始在历史的舞台上拥有自己的姓名与权利，在一定程度上提高了女性地位，促进了男女之间的平等。

普法小环节 福建高等法院审理童养媳的判例对我国婚姻自由制度的制定也有着推进作用，它让我们意识到法律的制定不能与社会脱节，要与社会现状相联系，从而不断地去探索和制定适合我国社会发展的婚姻制度，制定与我国国情和社会相适应的法律制度。男女平等、婚姻自由等这些先进的观念意识沿袭至今，不断促进和完善我国婚姻法律制度的建设，并且对我国《民法典》第一百一十条所规定的人格权中的婚姻自主权也有着启示性的作用。

第三章
闽都近代法学教育述评

第一节 闽都近代法学教育的发展

20 世纪初，西方的法律思想开始大量传入并影响中国。其中传播这一思想的著名理论家严复就是福建福州人。严复翻译了大量西方法学著作，其中，孟德斯鸠的《法意》(即《论法的精神》) 和穆勒的《群己权界论》(即《论自由》) 对中国的法律思想启蒙产生了巨大作用。在西方法律思潮和改革迫切需要的背景下，清廷于光绪三十二年 (1906 年) 开办了中国近代第一所法律学堂。为此，福建也于光绪三十三年创办官立福建法政学堂，这是福建第一所法学高等教育学校。后来，由于法政人才匮乏，各地纷纷上奏请求解禁“私学堂禁专习政治法律”的规定，清廷允许法政学堂私立。宣统三年 (1911 年)，林长民等人在福州成立了私立福建法政学堂。1912 年，法政学堂全部改称法政专门学校。1913 年，福建出现私立全闽法政学校和私立海滨、尚宾法政学校等。1914 年，这三所私立法政学校并入福建私立法政专门学校。[①] 1930 年，为了符合国民政府教育部限期结束法政专门学校的要求，福建法政专门学校经过一番努力，改组为福建私立学院 (简称福建学院)。全民族抗日战争期间，福建学院二度迁离福州，但并未停止办学。抗日战争胜利后，福建学院回到福州，继续办学。中华人民共和国成立后，福建学院的法律系并入厦门大学。

除了上述专门的福建法政学校外，当时福州的多所学堂也有开设法学课程，如福建优级师范学堂、全闽大学堂等学校。

福州近代的法学教育一直较为繁荣，一方面是由于福州是福建的省会，接收到法律政治信息较多，易受西方先进法律思潮的影响，再加上清

① 凌丰：《谈福建法学教育及理论研究》，《人民政坛》2000 年第 6 期。

廷对私立法政学堂的设置有限制，除了首府外，其他地区的私立法政学堂设置审批严格。另一方面，福州自古以来人杰地灵，林长民等一大批先进分子注意到了法学教育的重要性，率先在福州开办了法政学堂，促进了福州法学教育的繁荣。

福州近代法学教育的重要代表是福建学院（前身为私立福建法政学堂），其在当时全国的法学教育中赫赫有名。

一、福建优级师范学堂

（一）发展脉络

光绪二十九年（1903 年）十一月，清廷颁布的《奏定优级师范学堂章程》规定："设优级师范学堂，令初级师范学堂毕业生及普通中学毕业生均入焉，以造就初级师范学堂及中学堂之教员、管理员为宗旨"，"优级师范学堂，京师及各省城宜各设一所。"因此，光绪三十三年正月，陈宝琛在福建师范学堂的基础上增设优级师范选科，并改校名为福建优级师范学堂，俗称福建两级师范学堂。这是一所具有大学专科程度，以培养中等学校教师为目的的学校，是福建省近代第一所公立的高等师范学校。[①] 1912 年，福建优级师范学堂改名福建师范学校。1913 年又改称福建高等师范学校。1914 年 8 月被迫停办。1915 年 7 月最后一批毕业生离校。福建优级师范学堂监督为陈宝琛。宣统元年（1909 年），陈宝琛奉召进京任职，学堂监督由曾任四川夔州知府的潘炳年继任。学堂配置教务长、庶务长、斋务长和中学办事官等职务。学堂以陈宝琛亲撰的"温故知新可以为师，化民成俗其必由学"为办学宗旨，创立了一整套行之有效的教学与行政管理制度。前后办学仅八年半，历史虽短，但按既定标准如期培养了 238 名毕业生和数十名留学生，为福建各类中等学校的兴办和全省教育事业的发展做出了贡献。[②]

① 刘海峰，庄明水：《福建教育史》，福建教育出版社 1996 年版，第 264 页。

② 汪征鲁主编：《福建师范大学校史（上编）》，中国大百科全书出版社 2007 年版，第 1—22 页。

（二）师资力量

福建优级师范学堂成立之初，派往日本高等学校留学的学生尚未学成归来，所以开设的课程除国文、伦理、人伦道德、经学大义等大都由中文造诣较深、具有科举功名的人员担任，部分英文课请福建船政学堂毕业生任教，其他课程多聘请日籍教师担任。在日籍教师中，土田忠二是东京高等师范学校毕业生，他教授优级师范选科物理、化学、数学及物理实验、化学实验等专业课；薄井福治是早稻田大学毕业生，他起先教日文课，史地选科成立后，担任历史、地理等专业课的教学。与此同时，学堂还聘请东京高等师范毕业的森本修任史地课教员。博物选科和本科开办后，又聘请日本理工科大学毕业的小烟勇吉、东京高等师范学校毕业的永泽定一和赤松邦太郎担任植物学、动物学、生理学、生理卫生和地质矿物等课程的教学。宣统二年（1910 年），数学选科招生，高等数学课由土田忠二和早稻田大学毕业的矢译千太郎担任；初等数学课则由东京物理学校毕业回国的王永炅任教。1912 年 8 月，图画手工专修科设立，除聘请东京高等师范学校图画手工科毕业的田村美寿担任手工、图案画和用器画教师外，还聘请留美学习西画的林元麟、何尔赓充任西画教师，聘请画师张锵任国画教师。除以上专业课外，还邀聘数位日籍教师担任公共课教学。1915 年中日关系恶化，日籍教师全部离校，派出留学的人员也陆续回国，此后未再向日本聘请教师。

二、全闽大学堂（福建高等学堂）

（一）发展脉络

甲午战争的失败，暴露了科举教育的弊病。康有为、梁启超、严复等维新派人士挺身而出，大声疾呼必须废科举、兴学堂、改革政务，以求富国强兵，救亡图存。这些主张逐步为国人所接受，从而掀起了变法维新运动。光绪皇帝采纳维新派的变法主张，发出数十条变法令，全国各地相继响应，开始筹办新式学堂。后戊戌变法虽然由于顽固派的破坏失败了，但变革教育、兴学育才已为大势所趋。1901 年，清廷迫于内外形势而实行

"新政"，公布了一系列学堂章程，清廷下达《上谕》提出："除京师已设大学堂应行切实整顿外，著将各省所有书院，于省城均改设大学堂，各府厅直隶州均设中学堂，各州县均设小学堂并多设蒙养学堂。著各该督抚学政切实通筹，认真举办。"因此，闽浙总督决定首先在省城筹办大学堂。光绪二十八年，全闽大学堂以凤池书院、正谊书院为基础正式成立，地址在今福州市鼓楼区三牧坊，首任监督为叶在琦。1912 年，全闽大学堂改名为福建高等学校，旋奉南京临时政府命停止正科招生。1914 年，正科（大学部）结束，预科（相当于附属中学）改名为福建省立第一中学。此后校名累改，初高中部存废不一，到 2009 年再次恢复为完全中学。现名福建省福州第一中学，面向福建全省招生。全闽大学堂是 20 世纪初福建省最早成立的官办学堂，也是福建近代第一所正式的高等学堂。作为大学，其生源本应是中学毕业生，但由于中学堂尚未开办，所以全闽大学堂就在全省举、贡、生、童中选拔。课堂的设置仿照山东，设正斋、备斋（两班）。学堂聘请本省进士、举人出身的绅士讲授读经、国文、修身等课，请洋教习和留学人员主讲外语、算学、理化、地理、法学等课。"中学为体，西学为用"。由于此时科举未废，学生还想考取功名，所以多数学生不专心学习，学堂办学困难重重。①

（二）学校贡献

福建高等学堂止于 1912 年 2 月，共培养出四届毕业生，计有 290 余名。该学堂进步学生积极学习西方科学文化知识，接触西方学说，并受当时民主革命思想的影响，激起救亡图存的爱国热忱。他们经常集会，议论时政，鼓吹革命，痛斥清廷丧权辱国。一批学生还加入同盟会福建支部，投身辛亥革命，其中就有第一届校友、黄花岗七十二烈士之一的林觉民。辛亥革命后一直到新中国成立前，学堂为当时社会输送了不少人才，如林翔、翁敬棠、高登艇、杨燧、林知渊、沈觐冕、周宝銮、郭则寿、王修、张湛等。福建各界公认该学堂为人文荟萃之地。

① 张碧红：《陈君实与福州一中》，福建师范大学硕士学位论文，2002 年。

三、福建官立法政学堂

（一）时代背景

就在课吏馆遭到强烈批评不得不进行改良之时，随着立宪风潮的涌动，朝廷与社会对法政人才的需要日益急迫起来，而课吏馆原定课程中并无专习法律、政治的规定。此时的课吏馆不仅积弊丛生，而且从教育形式到教学内容都落后于时代了，法政课吏思想无疑成了课吏馆改良的一个重要原因。光绪三十年（1904 年），清廷仿日本政法大学速成科办法，要求各省课吏馆添设“吏治速成科”，“专教各省候补之府厅州县”，学制 1 年，分两学期进行，学习科目共分 10 门：政治、法律、掌故、交涉、词讼、保甲、荒政、治河、财政、学校。规定每日上课 6 小时，以政法大义为主要课程，并将除政法大义以外的其他实践性较强的课程与实践结合起来，定时赴相关局署参观旧案，筹议新案。从课程设置上看，法政学习的色彩已经相当浓厚。光绪三十一年四月，修律大臣伍廷芳、沈家本奏请专设法律学堂时在附片中奏陈，各省“办理交涉事宜及举行各项新政时有乏才之患”，各督抚派官绅赴日本游学法政，用心良苦，但需费太多，不如“在各省已办之课吏馆内，添造讲堂，专设仕学速成科”，招取“自候补道府以至佐杂，凡年在四十以内者”入馆学习法律，课程参照大学堂章程法律学门科目及日本法政速成科科目设置，选取“明习法律人员及外国游学毕业者充当教员”，6 个月为 1 学期，3 学期毕业。每学期结束时由督抚与教员一起对学员进行面试，以期地方官“能于各国政治源流、法律条理了然于心，则与外人交涉先事可筹弭患之法，临事亦有辨难之方，民教争端、工商要务均可洞见症结，措置咸宜”。学务大臣孙家鼐于八月议复时认为仕学速成科办法与直隶正倡议设立的法政学堂相合，“于造就已仕人才，佐理地方政治深有裨益”，请旨要求各行省“查取直隶法政学堂章程，参酌地方情形认真办理”。这就拉开了课吏馆改设法政学堂的序幕。①

① 徐保安：《清末地方官员学堂教育述论——以课吏馆和法政学堂为中心》，《近代史研究》2008 年第 1 期。

（二）设立情况

福建官立法政学堂是在清廷准许各省开办法政学堂后，由闽浙总督松寿和福建提学使姚文倬联衔申请学部奏准设立的。[①]它设于鳌峰书院旧址，是当时福建全省造就高等法政人才的最高学府。开办时刘崇杰为监督，因刘崇杰不久调离，于是改聘郑锡光为监督，并增设副监督一名，初为杨廷纶，后聘陈培锟接任，郑、杨、陈三人都是在籍的翰林院编修。[②]

福建官立法政学堂于1907年5月开始招生，入学资格以举、贡、生、监为限。其时科举制度已废除，很多年轻人梦想通过立宪寻求救国之路，所以报考者极为踊跃，录取400多名，分政治、法律两部，开课后3个月举行甄别试，淘汰数十名。学堂依照学部新颁布的学制，将政治、法律两部改为别科，学制3年。不久，学部以学堂开办初期没有中学毕业生来源为由，决定本科暂缓举办，先设预科一班，3年毕业升入本科，专习政法科目。因推行地方自治各项新政需要人才，学堂又先后开设法律讲习班、自治讲习班，学制一年半。1910年6月，别科第一届毕业生共185人，由提学司奏奖法政科举人、副举人，以直隶州州判任用。这是福建省自己培养的第一批法政人才。民国期间，官立法政学堂并入福建学院。新中国成立后，部分归并福州大学（现福建师范大学），大部分归并厦门大学法律系。[③]

（三）课程

该学堂初设时，“分为高等、简易两科，旋以名称与部章歧异，改高等科为别科，简易科为讲习科，以符定制”。以后又增设法政讲习科和自治讲习科。别科学制三年，讲习科一年半。其课程科目，按照学部规定，先后开设大清律例及唐明例、现行法制及历代法制沿革、法学通论、经济通论、国法学、罗马法、刑法、外国文、体操、民法、宪法、商法、民事诉讼法、刑事诉讼法、裁判所编制法、国际公法、诉讼实习、行政法、监狱法、大清公司律、大清破产律、国际私法、财经通论等。毕业生且须交“卒业论文”。

---

① 陈遵统等编纂：《福建编年史（下册）》，福建人民出版社2009年版，第1577页。

② 陈惠芳：《清末福建官立法政学堂及其毕业文凭》，《中国档案报》2010年9月27日。

③ 陈惠芳：《清末福建官立法政学堂及其毕业文凭》，《中国档案报》2010年9月27日。

四、私立福建法政专门学校

私立福建法政专门学校，创立于清宣统三年（1911 年），创立时名为私立福建法政学堂，辛亥革命后改为私立福建法政专门学校，1929 年又改为私立福建学院，创始人为刘崇佑和林长民。这是福建近代史上以培养法政专门人才为主的高校，也是全国最早成立的私立法政专门学校之一。

（一）创办私立福建法政学堂之起因

1909 年，刘崇佑、林长民留日归来后，深感中国民主法治缺失，社会民众普遍缺乏法政知识，特别是福建地处偏僻，社会风气闭塞，人们法政知识匮乏，法律人才紧缺。适时省谘议局成立，来自九府二州的 72 名议员聚集一堂，共述地方闭塞情形，益感有设校推广法政教育之必要。加之当时社会有志于学习法政知识的人数日益增多，而福建官立法政学堂招生有限，以及教员中新旧派冲突激烈。因此，刘崇佑、林长民决定创办一所私立法政学堂，以开通风气、开启民智、培育人才。当时林长民就创办私立法政学堂呈请福建提学司谘部立案时指出："私立学校所以补官力之不足，立宪时代需用通晓法政人才尤多，不能专恃各省官立法政学堂为养成之所，……福建僻处岭海，风气尤为闭塞，法政教育只有一官立学堂，有志学子又往往为学额所限不得入学，交通不便，备才为难。各项用人法律上即有许以他省人充当者，亦有所限而不能致，是非宏造福建之人才为福建之用不可。长民等爰集同志，捐资创设福建私立法政学校，校中组织及各课程与学生入学程度，均按照官立法政学堂章程办理。"刘崇佑还把刘家祖传私人花园（在福州乌石山麓白水井）捐献出来作为办学场所。1911 年 3 月 19 日，私立福建法政学堂正式成立。刘崇佑被选为学堂维持员会会长（相当于董事长），林长民为监督（相当于校长）。[①]

（二）私立福建法政专门学校发展历程

1911 年，私立福建法政学堂正式成立，校址位于福州乌石山西北一

① 刘广定：《理性之光——民国著名律师刘崇佑》，生活·读书·新知三联书店 2015 年版，第 25—26 页。

带。1912年，改称私立福建法政专门学校。1914年7月，经中华民国政府司法部认可。1925年7月，私立福建法政专门学校筹设私立福建大学。1927年又恢复称为私立福建法政专门学校。1929年，国民政府教育部正式废止专门学校，私立福建法政专门学校再次改为私立福建学院。1932年2月，福建学院正式获准成立。1936年8月，依据福建省政府实施整理本省教育方案，调整各大学相同科系，福建学院专办法科，农科归并私立福建协和大学。全民族抗日战争爆发后，学院初迁闽清十六都白云渡，1941年4月再迁浦城大同乡，1942年6月三迁闽清。抗战胜利后，私立福建学院及其附属中学回迁福州乌石山原址办学。私立福建法政专门学校以“培养、造就福建全省高等法政人才”为办学宗旨，始终注重培养学生的实践能力，开展了“模拟民事法庭”、各种模拟课堂实验、到工厂实习等等。其办学成绩在当时全国私立法政学校中名列前茅，获得了很高的评价。1951年夏季，私立福建学院奉令结束办理，商科四系归并到当时由私立福建协和大学与私立华南女子文理学院合并成立的福州大学，组成福州大学财经学院。1952年9月13日，福州大学财经学院归并厦门大学。

（三）主要贡献

私立福建法政专门学校的设立为中国民主政治的发展做出了较大贡献，其表现主要如下：

第一，私立福建法政专门学校“以致力于政法教育、培植宪政人才为己任”，通过优良的办学为福建民智的开启和宪政思想的普及做出了贡献。当时与私立福建法政专门学校同期开办的法科学校有福建官立法政学堂、私立海滨法政专门学校、私立尚宾法政专门学校、全闽法政专门学校等。在如此众多的法科学校里，私立福建法政专门学校的教学质量独树一帜，有口皆碑。1914年10月，教育部授予该校“为国储才”的匾额。1916年，在教育部举办的全国专门以上学校成绩展览会上，私立福建法政专门学校成绩在全国38所公私立法政学校中名列第五，在全国16所私立法政学校中名列第二。学校行政成绩，在全国公私立法政学校中名列第四，在全国私立法政学校中名列第一，并得到教育部颁发的奖状。由于办学的优良，海滨法政专门学校、尚宾法政专门学校、全闽法政专门学校相继归并到私立福建法政专门学校，最后福建官立法政学堂也并入，从而使得私立福建法政专门学校成为当时宣传宪政思想的重要基地。

第二，以刘崇佑、林长民为代表的私立福建法政专门学校领导积极投身于“宪政实践”，为中国近代的政体建设做出贡献。刘崇佑曾在清末积极参与旨在通过请愿而力促清廷“速开国会，实行宪政”的“国会请愿运动”，并担任了“请愿代表谈话会”的主席，成为其中的骨干分子。虽然请愿运动“总的说来以失败告终”，但它仍在一定程度上唤醒了民众的政治意识，刘崇佑更“以实际行动向民众做了参政示范”。在此后的政治生涯里，刘崇佑还积极地参与诸多的政治活动，并通过组织多个政党为其立宪实践寻找政治聚力。林长民也是一位热衷于宪政的政治家。他早年担任福建省谘议局书记长时，便宣扬“立宪”主张。民国元年（1912 年），林长民任南京临时政府内务部参事、法典委员，并被推为福建省代表，参与拟订《中华民国临时约法》，此后与汤化龙等人组织建立“共和建设讨论会”。林长民还是当时宪法起草委员会的委员长。刘崇佑与林长民两位先生以自己丰富的政治实践，积极耕植中国的立宪政体。虽然历史证明以君主立宪为政体的“立宪”之路并不适合于中国民主政治发展的需求，但在当时中国民主荒芜的年代，两位先生之于民主发展的贡献当可值得后人咏颂。

第三，以柯凌汉、李景禧为代表的私立福建法政专门学校教师潜心民法研究，为中国民主法制理论的发展与完善做出了极大的贡献。私立福建法政专门学校教授柯凌汉和李景禧因潜心研究民法，成就突出，被公认为现今中国法学界中的耆宿元老。柯凌汉早年出版的《中华债法论纲》对国民政府 1930 年施行的民法债编进行了系统研究。书中对“债的意义、发生原因、标的、与其他权利的区别，以及各种之债，包括因契约、有价证券、无因管理、不当得利、侵权行为等所发生之债”等内容进行详细阐述，并大量征引中外的法例、判例和学说。该书是当时中国法学界的权威之作。为了普及，应商务印书馆“法律实用丛书”之请，1935 年 10 月柯凌汉又出版了《民法物权》，至 1936 年 9 月，先后印了 5 次，数量居该丛书发行之首。全书分为绪论、总论、所有权、用益物权、担保物权、占有等章。内容简明扼要、通俗易懂，深受读者喜爱。李景禧所著的《法学通论》《中国法学论文索引》《封锁海岸与对策》《法学教程》《国家与法权基础理论》《中国消费者权益保护法研究》亦多为经典之作。他所主张的"民法典是国之必备""在中国民法中建立一个以消灭时效为内容的一元化的民法时效制度"等观点至今仍是灼灼箴言。

第四，私立福建法政专门学校的大部分校友服务于法界、政界，他们的参与，推动了地方社会政治、文化的发展与进步。根据福建学院1931年所做的一份大学及专门学校毕业生调查表的统计，此前法律本科毕业学生有655人，其中服务法界的有266人（根据该表提示，服务法界的学生算入政界栏内，律师则算入"其他"栏内）；法律别科毕业学生339人，服务政界的有103人；政治经济科毕业学生36人，服务政界的有14人。服务政界的学生占毕业学生总人数的37.2%，这还不包括担任律师的毕业生。同时，郭公木院长担任了福建省县长考试的典试官，更使相当多的福建学院校友担任了地方官员。这些官员具有私立福建法政专门学校法科教育的背景和良好的专业素质，在福建民主法制建设的过程中发挥了重要的作用。

第五，私立福建法政专门学校为中国近代法学教育的发展和福建的教育文化发展做出了重大贡献。私立福建法政专门学校的办学特色在民国时期民办高校中树立了一面旗帜。为应对法政教育的需求，当时出现过众多的私立学院，这些私立学院的设立在一定程度上为中国教育的发展和民主与宪政思想的普及起到重大作用。学院还是全国著名的三大私立学府之一，"与北平朝阳、上海东吴并列为北、中、南法学三雄"，时人称之为"北有朝阳、沪有东吴、南有福建学院"。

（四）对福建司法教育之影响

私立福建法政专门学校自创办以来，成绩斐然。1926年，私立福建法政专门学校率先在全省实行男女合班制，大大推动了福建女子教育的发展。私立福建法政专门学校不仅培养了一大批法政等专业的专门人才，而且向社会输送了许多进步青年，后来许多毕业于该校的学生加入了中国共产党，为党的革命事业献出了热血和生命。该校办学的成功，更是引领了私立海滨法政专门学校、私立尚宾法政专门学校、全闽法政专门学校的建立。总之，在刘崇佑、林长民的积极领导和影响下，私立福建法政学堂以及后来的私立福建法政专门学校、私立福建学院对清末和民国时期的中国社会、政治产生了深远的影响，开通了中国社会风气，传播了民主思想，极大地推动了中国社会的进步和民主革命的发展。[1]

五、私立福建学院

（一）学校发展脉络

1929 年，国民政府教育部正式明令废止专门学校，私立福建法政专门学校改办私立福建学院。

1932 年 2 月，福建学院正式获准立案。

1951 年夏季，私立福建学院奉令结束办理，商科四系归并到当时由私立福建协和大学与私立华南女子文理学院合并成立的原福州大学，组成原福州大学财经学院。

1953 年 9 月，原福州大学更名为福建师范学院。

1972 年，福建师范学院更名为福建师范大学。

（二）设立背景

私立福建学院的设立背景在《福建学院月刊》中有详细的记载。刘以芬在《福建学院月刊》发表的文章《校史一斑》中，特录了《从法专到学院》的内容，其中说道：吾校成立于前清宣统三年，迄今二十年矣。此二十年中兴废沿革，颇有足资记载者。亡清末叶，外标宪政筹备之名，阴行阻闭民智之实。人民方面，又以缺乏政治常识，往往受其愚弄而不自知。有志之士，惄然忧之。时前代表人刘君崇佑、前校长林君长民自京沪归，鉴于时势之急迫，慨然以联合九府二州同志致力法政教育为己任，是为本校创立唯一之动机。然以清廷对于法律政治学校明定章程，禁止私立，乃复纠合各省人士抗议力争。幸而浙省获准于前，吾闽遂请于后，而吾校遂以成立。其初以吾国学问幼稚，师资为难；且私人财力有限，设备难周；故只定名为“私立福建法政专门学校”。又以吾闽中学毕业生为数

① 许金柜：《福建学院创始人的历史影响》，《福建政法管理干部学院学报》2007 年第 4 期。

寥寥；且旧学之士，需求法政教育，已为迫切；故一面暂行开设别科，一面又设附属中学，以为将来升入专门之备。计别科前后毕业凡四班，而专门中学则遞年开设，罔有或替。民国十年，林君长民自欧洲归，颇欲以欧美大学规范移植我国；同时教部当局亦适有废止专门之议；社会方面又渐感大学教育之必需，吾校内瞻外瞩，遂毅然改称“福建大学”，并改组专门之维持员会为大学董事会，呈部立案。开办伊始，只设法商两科，并先招预科一班，原有专门及附属中学则仍旧办理。不幸在此力求向上发展之际，而林君长民竟弃校长逝，于进行上生一大顿挫。又其时福建省政府有筹设中山大学之计划，吾校对于社会责任，略可减轻。故经累次集议，卒以内外情势既异，从前学校名称，允宜复旧，于是吾校复由大学而专门矣。然改办未久，又因中央法令之变更，使专门制度，不得不复归于废止。而大学名称，又以条件所限，未能遽尔取得。几次折冲，乃始以“福建学院”定名。专门则就原有班数继续办理至结束为止。此则吾校二十年中四易其名之大略情形也。①

由此可见，从私立福建法政专门学校到私立福建学院并非一帆风顺。从申请到获得批准历经三年。“自民国十七年中央大学院有私立学校须重经立案之令，此问题遂成为吾校存亡一大问题。两年之间，几经折冲。至十九年十一月，乃获校董会立案之批准；而学校立案，则尚有待也……至二十一年六月教育部始准予立案。是年十二月，司法院又核准特许设立，而校本乃以奠定。此实吾院史中所应大书而特书者也”。②

档案中，仍可查到私立福建学院设立时，司法院和考试院的有关于批准福建学院成立的立案文件。“咨文，司法院咨文，咨字第三五号（二十一年十二月十三日）：为咨行事，查本院特许各私立法政学校设立即经咨明贵院查照在案，兹准教育部函据私立福建学院校董会呈送该学院法科法律学系各项文件表册请转送函核特许前来，业经本院详加函查，特许设立除函复并公布外，相应咨请，贵院查照备案，此咨考试院”。这是司法院发给考试院的福建学院的特许设立备案。随后，考试院也咨文回复，准许备案。“司法院咨本院文，第五三号，十二月十四日：私立福建学院

① 刘以芬：《校史一斑》，《福建学院月刊》1934 年第 1 期。

② 刘以芬：《校史一斑》，《福建学院月刊》1934 年第 1 期。

法科经特许设立请备案，为咨行事。查本院特许各私立法政学校设立即经咨明贵院查照在案。咨准教育部函据私立福建学院校董会呈送该学院法科法律学系各项文件表册请转送函核特许前来，业经本院详加函查，特许设立除函复并公布外，相应咨请，贵院查照备案，本院咨复司法院文，第二一号，十二月二十三日，准咨所请经已备案咨复查照”。[①]

（三）学制及科系

私立福建学院的学制，修业年限 4 年，实行“学分制”，以修满 150 学分方得毕业。学生入学资格以公、私立高级中学毕业为限。学院成立之初，先办法科，设法律、政治、经济 3 个系。何公敢任院长后，因与福建省政府关系密切，学校一切工作进行较为顺利。何公敢出任福建省财政厅厅长后，学校行事更好解决，遂计划增设科系，以逐渐形成一个完整大学。

首先增设的是农科。1932 年 9 月，当时省立农学院尚未开办，校董会认为农科极为重要，遂以学院路以南的第三院作为新办农科之用。旋即修建农科教室、实验室和办公室，购置各种仪器设备，并设立农林研究所，从事农艺、畜牧的各种研究，饲养猪、鸡等。又办校外农场两所，一为杨树庄董事长捐赠的福州汤门一块空地，一为连江校友捐献的琯头检讨山的一片山场。遂聘葛志元为农科主任。1934 年，教务长洪孟博携带立案有关文件表册，前往南京教育部办理立案手续。1935 年 5 月，农科获准正式成立。当年 8 月即招收农艺系新生一班。农科开办，人心为之一振。然而，1936 年 8 月，根据福建省政府实施整顿本省教育方案，调整各大学相同科系，私立福建学院专办法科，农科随即归并私立福建协和大学。

其次是商科。1946 年 8 月，先设工商管理系和银行会计系。后又分为财政金融系、会计系、贸易系和企业管理系。财政金融系主任为陈昭桐教授，全系教师3人，学生73人。会计系主任为耿心湛教授，全系教师5人，其中兼职 2 人，学生 108 人。贸易系主任为万钟庆教授，全系教师 4 人，其中兼职 2 人，学生 80 人。企业管理系主任为陈鸿翔副教授，全系教师 6 人，其中兼职 5 人，学生 189 人。[②]

---

① 考试院秘书处编：《考试院公报第十册》，国家图书馆出版社 2012 年版，第 66 页。

② 汪征鲁主编：《福建师范大学校史（上编）》，中国大百科全书出版社 2007 年版，第 144—145 页。

（四）法学教育情况

1. 法科课程表

私立福建学院法科的课程表共有四年，详细地规划了四年的课程，并标注了学分和应上课的学时。法科法律学系课程表第一学年：讲义、军事训练、军事看法（女生）、体育、法学通论、民法总论、刑法总论、政治学、社会学、经济学、国文、英美名著选读。第二学年：体育、物权法、债法总论、刑法各论、民事诉讼法、比较宪法、法律哲学、英文法律名著选读、第二外国文选读。第三学年：体育、债法各论、刑事诉讼法、国际公法、行政法、法院编制法、亲属法、继承法、土地法、第二外国文选读。第四学年：体育、罗马法、公司法、日本研究、俄国研究。

私立福建学院法学教学严谨，对学生严格监督，讲求学习与实践相结合。教授学富五车，大多毕业于名校，认真负责。学生认真刻苦，努力学习。在《福建学院月刊》中，曾介绍过法科教学情况：第一，本学年所聘之教授，皆为知名绩学之士，对所授各科，率皆研究有素，并多有专著问世，而教学又能认真负责。开课来，偶有因事请假一二小时外，绝少缺席。第二，对学生之请假旷课经训育委员会及注册课予以严格之监督。并由训育委员会规定，凡因事因病请假，非经家长及医生之书面证明，概不准假。平时上课除由主讲教师点名，并不时由训育委员会持名册上堂复点，故月余来除请假外无无故缺课者。第三，本院考试向来严格。本期第一次月考已定由十一月十三日起举行。除月考外，对学生之笔记及课外参考，均由各主讲教授随时予以检查及指导，十月二十五日已开始检查笔记，故上课时学生皆悉心听讲，忙于笔录，下课后亦多往图书馆读参考书籍及整理笔记，此诚为本学期来良好之现象。第四，本学年之教学方针，主张理论与实际并重，故多予学生以参观调查及实习之机会。A 参观：本学年所拟参观之行政司法金融及工商业各机关，已由学校当局分头接洽，拟定计划，分期举行。十月十九日下午一时，原定往港头福建造纸公司参观并已接洽妥帖，嗣接公司经理函告，以工厂锅炉，向例每月修洗一次，该日适届修理之期，请改日参观。遂由法科主任洪孟博及教授王世昌两先生，率领全体学生，改赴中国银行，由贺经理出为接待。先向学生说明该行组织及营业状况等，嗣复由学生提出各项问题，贺经理悉加以详明之答复。参观毕，以时间尚早乃顺途折往新港电汽公司老厂，又承该公司刘经理与技师带往厂内各间一一指示说明。此外关于公司组织、工厂情形、营业状况等等学校已事先备有表格，分发学生，学生乃逐次查明填入。参观至五时许方归。本月二十六日已定往参观地方法院，全体学生已经导师黄君延先生分组，指导其调查法院之组织，审理案件进行之手续，听审之经过情形等。表格已印就，分发各生。B 调查研究：现经学生自治会组织有中国法制研究组及福州社会经济调查研究组。除经训育委员会指定导师外，并由两组聘请教授担任顾问。此项工作，开始进行。两组导师，已拟就缜密之计划。C 实习：诉讼实习一科，本学期自罗秉衡先生讲授以来，学生对诉讼之程序手续已有相当之了解，故定于十一月起，设立假法庭，以资实习。[1]

2. 毕业试验和毕业论文

除了必须修满学校所要求的学分外，该院学生还要通过毕业试验并完成毕业论文，方能毕业。《福建学院月刊》中《限期缴交毕业论文纲要》一文中就有提到：本院每届毕业班学生，均有撰述毕业论文，本年度为法科第四组各学系学生毕业之期，业经由院将毕业论文规则，及论文主要学科暨导师姓名分别公布，并令学生于九月二十八日以前，向注册课领取论文拟选单，依格填缮，申请导师指导，经签名盖章后，缴交注册课登记，即行开始撰述。嗣因该组一二学生尚未缴交毕业论文纲要，复经本院限定十月二十六日以前缴齐，违者毕业论文成绩以九折计。[2] 毕业试验相当于毕业考试，福建学院历来重视毕业试验，且毕业试验往往较为严格。《福建学院月刊》中有文章提到：本届法科四年级学生修业期满，于六月十日至十六日举行毕业试验。事先由院拟定毕业试验委员名单呈奉教育部核定，并奉司法院派福建高等检察处检察官莅院监考，教育部令由院长慎重考试。十日上午八时，福建高等检察处何检察官到院监考，各委员各教授亦先后到院。应考学生依次入场，按号就座，在各员巡视之下，莫不聚精会神，埋头思索。如是者六日，每日举行一次或两次试验，每次限二小时

① 《法科消息》，《福建学院月刊》1934 年第 4—5 期。

② 《限期缴交毕业论文纲要》，《福建学院月刊》1935 年第 2 期。

交卷。[①]

3. 学生生活

福建学院学生课余生活丰富。课外也有老师组织进行一些专业课题的研究。《福建学院月刊》记录：法制研究组自经黄君廷先生担任指导员后，即着手组织各科分组，研究不遗余力。近由庄炳团同学发起组织刑法分组，参加者极为踊跃。本月十五日开第一次组员大会，通过简章，十四日开第二次组员大会，当经选出正组长庄炳团，副组长郑行亮，文书孙永祺、齐成章，会计陈舜玉等。议决定每星期四下午三时半至五时为研究时间……福州经济调查研究组，本月来着手搜集关于福州以及全闽之各项统计材料。除由组员向本院乌山图书馆与省立图书馆随时抄录外，并由校中拟就公函分派各组员向省政府统计室、财政厅、建设厅、闽海关及闽侯县商会各机关，索取三年来本省工商农业之发展与衰落各项实际材料。内中除统计室以材料尚未整理就绪，婉辞谢绝外，各机关均派员接洽，充分地供给各项统计图表，情殊可感。闽侯县商会允本组嗣后如需要材料，可将表格寄去，即当迅速填好寄回。现所获得之材料，虽不甚多，然此后更将继续设法向本城及外县各机关函索抄录，以供整理研究。[②]

（五）福建学院的历史贡献

第一，福建学院为中国近代宪政的发展做出了重大贡献：以林长民为首的领导人以身作则，投身于“宪政实践”，为我国宪政建设贡献力量；学院培养了大批法律人才，启发了民智、普及了宪政思想、推动了国家和地方法制的发展；学院老师带领学生潜心研究法学，成就突出。

第二，福建学院为中国近代法学教育的发展和福建的教育文化发展做出了重大贡献：福建学院教学质量高，在法学院校泛滥的近代中国，福建学院仍赫赫有名，有“北有朝阳、沪有东吴、南有福建学院”之美誉；学院在福建省首开男女合校之风，对教学风气产生了重大影响。

第三，福建学院与福建多所大学的法学教育有关，对福建的法学教育产生了重大影响。

第四，福建学院图书馆（即乌山图书馆）对福州的民智启迪和文化繁荣做出了重大贡献。

① 《法科举行毕业试验》，《福建学院月刊》1936 第 9—10 期。

② 《学生生活》，《福建学院月刊》1934 第 7 期。

第二节　闽都近代法学教育的特点

一、开始时间较早

福州的法学教育始终紧随时代发展的潮流，紧扣时代发展的主题。福州是全国较早开启法学教育的城市之一，最早的法政学堂为1907年开办的福建官立法政学堂。学堂的创办时间仅仅晚于全国最早开办的京师法律学堂一年，早于全国许多法律学堂，具体时间如下表。

表1　全国部分法律学堂开办时间表

设立时间	法政学堂名称
1906年	京师法律学堂、直隶法政学堂、广东法政学堂、江西法政学堂、山东法政学堂、北洋法政学堂、浙江法政学堂、贵州法政学堂、湖南法政速成学堂、奉天法政学堂、四川法政学堂、江宁法政学堂、安徽法政学堂、云南法政学堂
1907年	京师法政学堂、山西法政学堂、陕西法政学堂、新疆法政学堂、福建官立法政学堂
1908年	湖北法政学堂、吉林法政学堂、两江法政学堂、热河速成法政学堂、广西法政学堂、河南法政学堂
1909年	甘肃法政学堂
1910年	黑龙江法政学堂

二、学生数量多

民国时期，福州的两所专门法政学校——福建官立法政学堂和私立福建法政专门学校十分兴盛，全国各地慕名而来的学子有许多，据《教育公报》记载，其中第九年第三期中有《核准中等以上各校暨甲乙种事业学校毕业人数一览表》，表中有各类专门学校、大学和部分中学共 101 所的毕业生情况。我们截取其中有法律专业毕业生的学校，制成表 2。福建官立法政学堂和私立福建法政专门学校加起来共有 65 人，由此可见福州法学教育的兴盛。

表 2　核准中等以上各校暨甲乙种事业学校毕业人数一览表（部分）

学校名称	安徽省公立法专校	福建省公立法专校	福建私立法专校	私立广州法政学校	北京大学	北京大学
毕业年月	十年月	十年月	十年月	十年七月	十年六月	九年七月
毕业人数	三十八	二十	四十五	法律本科二十八	法预二 法本一	德法班二十四 法律学系英法班二十
核准年月	十一年二月二十一日	十一年二月二十八日	十一年二月二十八日	十一年三月二十一日	十一年三月十八日	十一年三月二十七日
复文号数	指令五九	指令二六二	指令二六三	批一三五	指令四四八	指令五八〇
备注	名单附后	名单附后	名单附后	名单附后	名单附后	名单附后

三、注重法学和其他学科的衔接

福州的法学教育重视法学和其他学科的衔接，尤其是和政治学、社会学、经济学的衔接。这一方面是因为法学与政治、社会、经济的关系本就密不可分，另一方面则是出于就业的需要。在当时，从政是法学学子一条重要的就业渠道，许多学生学习法律就是为了今后从政。因此，法政学校在学科设置的时候就有所考虑；还有部分学生会成为律师或者公司法务，因此学习经济常识也是很有必要的。福建官立法政学堂的学科设置为：大清律例及唐明例、现行法制及历代法制沿革、法学通论、经济通论、国法学、罗马法、刑法、外国文、体操、民法、宪法、商法、民事诉讼法、刑事诉讼法、裁判所编制法、国际公法、诉讼实习、行政法、监狱法、大清公司律、大清破产律、国际私法、财经通论等。私立福建法政专门学校的别科课程有：法学通论、宪法、民法、刑法、行政法、民事诉讼法、刑事诉讼法、法院编制法、商法、国际公法、国际私法、中国法制史、外国语、人伦道德、政治学、经济学、经济政策、财政学、伦理学、世界史、政治史、政治地理、算学、统计学以及体操。福建学院的学科设置为：讲义、军事训练、军事看法（女生）、体育、法学通论、民法总论、刑法总论、政治学、社会学、经济学、国文、英美名著选读、物权法、债法总论、刑法各论、民事诉讼法、比较宪法、法律哲学、英文法律名著选读、第二外国文选读、债法各论、刑事诉讼法、国际公法、行政法、法院编制法、亲属法、继承法、土地法、罗马法、公司法、日本研究、俄国研究。

这三所学校法学课程的安排都考虑到了法学与其他学科的衔接。

四、注重理论与实践相结合

除了注重理论的学习，福州的法学教育还重视学生的实践，经常组织学生开展各类参观调研活动。《福建学院月刊》中的《法科消息》一文中，记载了学校开展的形式多样的活动。参观：本学年所拟参观之行政司法金融及工商业各机关，已由学校当局分头接洽，拟定计划，分期举行。调查研究：现经学生自治会组织有中国法制研究组及福州社会经济调查研究组。除经训育委员会指定导师外，并由两组聘请教授担任顾问。此项工作，开始进行。两组导师，已拟就缜密之计划。实习：诉讼实习一科，本学期自罗秉衡先生讲授以来，学生对诉讼之程序手续已有相当之了解，故定于十一月起，设立假法庭，以资实习。[①]

五、师资力量雄厚

福州法学教育师资雄厚，“所聘之教授，皆为知名绩学之士，对所授各科，率皆研究有素，并多有专著问世，而教学又能认真负责。开课来，偶有因事请假一二小时外，绝少缺席”。[②] 从表 3 中可以看出，福建学院聘请的教师都毕业于名校，有留学海外的经历，并且在学术界颇负盛名。有的教授还有工作实践的经历，可以从实践方面对学生进行启发。

---

① 《法科消息》，《福建学院月刊》1934 年第 4—5 期。

② 《法科消息》，《福建学院月刊》1934 年第 4—5 期。

表3 福建学院法科教授一览表

姓名	年龄	籍贯	学历	经历	现任职务及所授科目
黄朴心	34	广西贺县	法国巴黎大学社会学硕士、德国弗莱堡大学政治经济研究员	上海文化学院教授	代理院长，兼授国际政治
洪孟博	37	安徽	德国柏林大学毕业	上海复旦大学法政学院、中国公学大学部及江南学院教授	法科主任、校刊组织委员会主任委员，兼授劳动法、现代政治及中国外交史
曾希亮	30	福建长乐	比利时鲁文大学法学博士、政治社会学博士	北平辅仁大学图书馆编辑	法律学系主任，兼授国际私法、亲属法
陈翼勔	37	福建闽侯	日本京都帝国大学、日本大学毕业	国立北京女子师范大学教务主任兼讲师	政治学系及经济学系主任、兼法科训育委员会主任委员，兼授工业政策、比较宪法、政党论
柯凌汉	39	福建长乐	日本早稻田大学法律科毕业	厦门大学教授	债法各论、物权法
黄毓材	42	福建云霄	日本早稻田大学政治经济科毕业	私立福建法政专门学校教员	日文名著、监狱学
罗从权	41	福建长汀	日本大学法学学士	北平朝阳大学教授、思明地方法院推事	诉讼实习
刘强	40	福建闽清	美国爱阿亚大学文科硕士、哲学博士	光华大学训育主任兼社会学系主任	社会问题与财政
王世昌	35	福建闽侯	美国纽约大学经济学士、欧柏林大学外交政治硕士	南京金陵大学教授、国立中央大学教授	公司法
左赋才	55	湖南衡阳	日本东京警监学校毕业、明治大学法学士	福建高等法院庭长、福建闽侯地方法院院长	法院编制法
何道潍	52	福建闽侯	日本早稻田大学毕业	私立福建法政专门学校教务长兼代校长、厦门大学教授	公文程式

续表

姓名	年龄	籍贯	学历	经历	现任职务及所授科目
翁在浩	51	福建闽侯	日本东京高等商业学校、日本大学法律科毕业	福建审计分处科长	会计学
陈遵统	55	福建闽侯	日本早稻田大学毕业	北京大学教授、宪法会议秘书	中国法制史
刘幼衡	51	福建闽侯	日本早稻田大学政治经济科毕业	北京参议院议员、私立福建法政专门学校校长	中国政治史

六、注重留学教育

福州法学教育历来重视学生的留学教育，努力营造留学教育的环境，尤其是为留学日本而做得准备更多。这一方面是由于清末沈家本修律主要参考的是日本的法律，另一方面是由于福建省近海，距离日本较近，有一定的地缘优势。留学教育培养了我国的法律人才，如著名民法学家柯凌汉，从私立福建法政专门学校法律本科毕业后因成绩优秀由学校资助赴日本早稻田大学深造。福州法学教育对留学教育的重视主要体现在三个方面。一是课程设置，私立福建法政专门学校安排了以英文和日文为主的语言课程，并且语言课程为必修课程。在专业课程的设置上，私立福建法政专门学校注重与日本高校法政科的接轨，使学生到了日本可以更好地学习。二是师资安排，私立福建法政专门学校的教师多为日本留学归来者，如上文《福建学院法科教授一览表》中，共有14名教师，而留学日本的就有9名。这些老师熟知日本的教学方式，并且对留学日本有丰富的经验，可以更好地指导学生。三是生活教育，私立福建法政专门学校对学生的生活作风要求严格，制定了专门的学生守则，十分类似于日本的学生等级制度，使学生到了日本可以更好更快地适应其学习环境。

七、教学质量高

福州的法学教育质量在全国名列前茅，且获奖颇丰。私立福建法政专门学校校长刘以芬在《校史一斑》中提到：教育部于民国三年十月给予本校以“为国储才”匾额，并有“福建私立法政专门学校办理认真，设备完善，经费充裕，毕业成绩优良，给予匾额，以重名誉，而奖勤劳”奖语，登之政府公报，见之本省巡按使檄文。民国五年，教育部特设全国专门以上学校成绩展览会于北京，所有各校出品由部遴选专门人员分别审查。本校所送成绩，分为学生成绩及学校行政成绩二种。学校成绩在全国公私立法政专门学校二十八所中，名列第六，在全国私立法政专门学校十有二所中，名列第二……学校行政成绩，则在全国公私立法政专门学校中，名列第四；在全国私立法政专门学校中名列第一……十六年十一月，福建省党部举行检阅青年团体，吾校由福建省党部宣传部给有奖状，中有“本部奉令于总理诞辰纪念日举行检阅青年团体，评定优劣，分别奖惩，查有该校学生会是日到场参加斯典，精神奋发，努力革命，深为部所嘉许，合给褒状以资激励”之语。十七年，省党部举行福建省中等以上各学校学生党义演说竞赛会，本校学生刘永济膺首选。个人、团体在各校中均占第一，由会颁与银杯，镌有“深明党义”四字，并奖状一纸。又是年，教育厅举行福建省会公私立各学校联合运动会，本校亦得有优胜银牌。[①] 由此可见，福州法学教育总体上来看有较高的质量，为社会培育了优秀的人才。

---

① 刘以芬：《校史一斑》，《福建学院月刊》1934 第 1 期。

第三节　闽都近代法治教育与闽都法治精神

一、弘扬法治精神

习近平总书记曾说："法治精神是法治的灵魂。人们没有法治精神、社会没有法治风尚，法治只能是无本之木、无根之花、无源之水。古人所说'国皆有法，而无使法必行之法'，讲的就是这个道理。其实，使法必行之法就是法治精神。"[①] 法治精神是法治文化的精髓与灵魂。社会主义法治文化的建设过程，本质上是通过教育、引导、熏陶和启迪，使法治精神和法治信仰内化于心、外化于行的过程。而教育是国家进步和社会发展的重要动力，以教育为载体推动全社会弘扬法治精神是教育承载的重要使命。在近代法学教育发展的过程中，福州是全国较早开启法学教育的城市之一，福州的法学教育始终紧随时代发展的潮流，紧扣时代发展的主题。一方面通过创办多所法政学校和开设法学课程，聘请法学造诣深厚的老师，为学生创造良好的学习环境，传播法学思想；另一方面，制定严格的校规校纪，以促进老师们严谨治学、学生们积极向学，使法治精神内化于师生心中。建设法治文化，就是要教育引导全体社会成员建立对法治原则的认同，对法治价值的尊重，对良法善治的崇尚，将法治熔铸到内心中、根植于头脑中、落实到行为上，弘扬法治精神，坚定法治信仰，成为法治文化的坚定信仰者和忠实践行者。

---

① 习近平．弘扬法治精神，形成法治风尚［EB/OL］.(2006-05-17)［2020-12-19］http://www.71.cn/2013/0725/723853.shtml，访问日期2017年12月23日。

二、培育法治观念

我国法治社会建设，着眼于增强全社会法治观念。福州近代法学教学发展中十分重视对公民基本的法治观念的梳理、养成、提高与强化，主要体现在三个方面：首先，提高法学课堂教学质量。从课堂教学入手，不仅让学生们学习法律知识，还增强法治观念，注重法学和其他学科的衔接，尤其是和政治学、社会学、经济学的衔接。其次，强化法治社会实践教育，讲求学习与实践相结合。如私立福建法政专门学校主张理论与实际并重，经常组织学生开展各类参观调研活动，定期组织学生参观行政、司法、金融及工商业各机关，研究中国法制及福州社会经济等，还组织学生到法庭实习，并把实践课作为必修课计算学分。再次，建设校园法治文化，提升法治文化产品质量。福州的法学教育质量在全国名列前茅，为社会培育了许多优秀人才，不断增强法治文化氛围；而福州的诸位法学教育人物，更是发展、创造出质量优良的法治文化产品。

营造尊法、学法、守法、用法的浓厚文化氛围，就是要充分发挥法治价值观启发人、感召人、引导人、规诫人和鼓舞人的强大功能，培育全民法治观念，推动法治文化成为全社会的主流文化。

三、树立法治思维

福州的法学教育充分挖掘各种资源和载体，积极拓展法治思维培育的路径，营造有利于法治传播的环境。在近代法学教育发展中，各法政学校和仁人志士以课堂教学为阵地，利用课内课外、校内校外的各种途径对学生们进行全方位、全覆盖的法治思维培育。其中，当时的法学教育人物如陈宝琛、严复和刘含章等人学富五车，法学造诣深厚，率先具备法治思维，为学生们法治思维的培育提供了良好的校园环境，此外还为营造良好的法治氛围提供了物质条件。树立法治思维，就是让法治文化贯穿国家治理、社会治理和公民教育各方面、全过程，引导广大群众树立规则意识和责任意识，让法治成为全体公民的生活方式，让法治文化在全社会落地生根。

“要坚持依法治国、依法执政、依法行政共同推进，坚持法治国家、法治政府、法治社会一体建设。”[1]在“三位一体”法治中国建设中，法治社会建设是推进全面依法治国的社会基础和重要支撑，具有“落一子而活全局”的重要基础地位。法治离不开社会公众的支持和参与。社会公众的规则意识、法治观念在实质意义上决定了法律实施的现实社会条件及其可能产生的社会效果。因此，我们要积极探索法治社会建设的有效途径，了解福州近代法治教育发展的进程，学习其背后蕴含的精神及带来的启示，加强法治文化建设，为法治中国建设创造有利的法治环境和社会条件。

普法小环节 习近平总书记强调：“法治兴则国家兴，法治衰则国家乱。”党的十八大以来，以习近平同志为核心的党中央对全面依法治国做出顶层设计，提出一系列新理念、新思想、新战略，形成了习近平法治思想，确保法治中国建设始终沿着正确方向前进，更好发挥法治固根本、稳预期、利长远的保障作用。法治社会是构筑法治国家的基础，法治社会建设是实现国家治理体系和治理能力现代化的重要组成部分。建设信仰法治、公平正义、保障权利、守法诚信、充满活力、和谐有序的社会主义法治社会，是增强人民群众获得感、幸福感、安全感的重要举措。党的十九大把法治社会基本建成确立为2035年基本实现社会主义现代化的重要目标之一。党的二十大报告指出：“全面依法治国是国家治理的一场深刻革命，关系党执政兴国，关系人民幸福安康，关系党和国家长治久安。必须更好发挥法治固根本、稳预期、利长远的保障作用，在法治轨道上全面建设社会主义现代化国家。”

① 习近平2020年11月16日在中央全面依法治国工作会议上的讲话。